Salibas Welt

Eine kulinarische Reise durch Syrien

Salibas Welt

Eine kulinarische Reise
durch die kulturelle und religiöse
Vielfalt Syriens

Fotografiert und aufgezeichnet von

Lutz Jäkel

دنيا صليبا

INHALT

Einleitung | Reise in die Vielfalt

Hanna Saliba erinnert sich genau. Eines Abends kam er mit einem Gast seines Restaurants ins Gespräch. Er sei überrascht zu erfahren, sagte dieser, dass Saliba auf Deutsch ‚Kreuz' bedeute: „Ihre Familie heißt deswegen so, weil Sie Christen sind?", fragte der Gast erstaunt. „Und wann wurden Sie bekehrt?" Hanna Saliba lächelte und konnte nur eines antworten: „Mein sehr verehrter Herr: Sie glauben doch nicht, dass Jesus Christus aus der Lüneburger Heide kam?"

Natürlich nicht. Für die Entwicklung des frühen Christentums hat Syrien eine ähnlich wichtige Bedeutung wie Palästina, wie die gesamte Region des Vorderen Orients. Sie ist die Wiege der drei großen monotheistischen Religionen, des Judentums, Christentums und des Islam. Und die Gläubigen aller drei Religionen gehören einem Kulturraum an. Araber zu sein bedeutet deswegen nicht, Muslim zu sein, auch wenn das für die Mehrheit der Araber zutrifft. Bis in die Neuzeit hinein, bis zur Gründung des Staates Israel 1948, gab es eine größere Zahl Juden in Syrien. Sie waren jüdische Araber oder Arabisch sprechende Juden, die sich als Syrer verstanden. Ebenso wie bei den Christen gibt es keine sprachlichen oder ethnischen Unterschiede gegenüber den Arabisch sprechenden Syrern anderer Religionen. Juden wie Christen sprachen einst Syrisch oder Griechisch und wurden erst mit dem Aufkommen des Islams langsam sprachlich arabisiert. Alle Religionen des Vorderen Orients haben eine gemeinsame Geschichte, die sie bis heute prägt. Diese Prägung findet ihren Widerhall in der heutigen Verfassung Syriens: Danach ist der Islam nicht Staatsreligion. Vorgeschrieben ist lediglich, dass der Präsident der syrisch-arabischen Republik ein Muslim sein muss. Der syrische Staat legt damit Wert darauf, dass die Christen, die heute rund zehn Prozent der Bevölkerung des Landes ausmachen, als Teil der arabischen Gesellschaft Anspruch auf Darstellung ihrer religiösen Bräuche haben. Im Fernsehen und Radio wird an Weihnachten ausführlich über die christlichen Feste berichtet, und oftmals feiern

Christen und Muslime gemeinsam. So besuchen muslimische Familien an Weihnachten ihre christlichen Nachbarn, um Segenswünsche auszusprechen, Christen wiederum bereiten mit Muslimen gemeinsam Mahlzeiten während des Fastenmonats Ramadan zu. Syrien ist ein buntes Mosaik, historisch und religiös, aus dem sich eine kulturelle Einheit herausgebildet hat, der eine von Toleranz geprägte Grundhaltung eigen ist. Eine Einheit durch Vielfalt.

Von Begegnungen, die diese Grundhaltung widerspiegeln, handelt dieses Buch. Es handelt von unserer gemeinsamen Reise zu den Menschen, denen diese Grundhaltung oftmals gar nicht bewusst ist. Sie leben sie einfach. Das hat uns Türen und Tore geöffnet – buchstäblich – und in die Herzen. Fast nebenbei haben sie mit uns gekocht. Sie haben uns ihre Lieblingsgerichte und ihre kulinarischen Traditionen verraten, Hanna Saliba hat sie aufgeschrieben und daraus neue Kreationen entwickelt.

Ein Symbol durchzieht dieses Buch, eine kleine Schwalbe. Genauer: Eine Seeschwalbe, die zum Wahrzeichen von Saliba geworden ist. „Nur Menschen, denen die Verständigung von Orient und Okzident am Herzen liegt, verstehen ihr Lied", gibt Hanna Saliba seinen Gästen und Freunden mit auf dem Weg. Und man weiß: Das Männchen wirbt im Balztanz um seine Angebetete mit einem Fisch im Schnabel. Kulinarische Zeichen also allerorts, ganz praktisch, aber auch symbolisch, sogar als Zeichen der Liebe. Außerdem ist die Seeschwalbe die Schwalbe mit dem längsten Atem. Und diesen langen Atem braucht es oftmals, wenn man die Menschen und ihre reiche Kultur unserem Kulturraum schmackhaft machen möchte. Es ist kein Geheimnis: Syrien wird von manchen politischen Lagern verteufelt. Man möchte diesen raten: Lüftet den Schleier ein Stück weit und schaut genau hin. Sind Begegnungen mit dem „anderen" nicht wichtiger? Noch dazu, wenn man mit ihm zusammensitzen und gemeinsam genießen kann – und feststellt, dass die alltäglichen Bedürfnisse so ähnlich sind?

Eine Reise auf kulinarischen, kulturellen und religiösen Spuren durch Syrien ist immer auch eine Reise auf der Suche nach der eigenen Geschichte, nach der eigenen kulturellen Identität. Und eine Reise in Salibas Welt. Der Kabarettist Hanns Dieter Hüsch hat einmal gesagt: „Wenn Gott sich in einem Hotel eintragen müsste, er wüsste wahrscheinlich gar nicht, was er unter ‚Konfession' schreiben sollte." Es ist auch nicht wichtig.

Lutz Jäkel & Hanna Saliba
Hamburg & Damaskus, im August 2008

◄ Religiöse Vielfalt: Griechisch-orthodoxer Gottesdienst unter der Leitung des Metropoliten Saba Esber in der St. Georgs-Kirche von Izra'a. ▼ Maysun, eine Alawitin, und ein Ismailit beim heiteren Plausch in Salamiye.

Andere über Salibas Welt

” Februar 2002, meine erste Berlinale. Dieser Februar ist nicht gut für Glitter und Glamour, nicht gut für die Schein- und Geldscheinwelt des Films. Der amerikanische Krieg im Irak steht bevor. Auf unser Plakat drucken wir zum ersten Mal in der mehr als 50jährigen Festivalgeschichte ein Motto: „Accept diversity, towards tolerance." Kurz nach dem Festival beginnt der Krieg und wieder wird in einer der geschichtsträchtigsten Kulturlandschaften gemordet, zerstört, gebombt. Dort, wo Euphrat und Tigris entspringen, im Land, wo Milch und Honig fließen, dort, wo die größten Errungenschaften unserer Zivilisation ihren Anfang haben, von diesem „Nahen Osten" haben wir heute nur noch eine martialische Vorstellung. Von den sagenumwobenen Städten wie Damaskus, Bagdad, Beirut und Jerusalem, von diesem heiligen Landstrich wissen wir in Wahrheit sehr wenig.

In den 1970er Jahren habe ich als Student einmal wochenlang diese Gegend besucht, und der Faszination dieser wahrlich Multi-Kulti-Region kann man sich nie mehr entziehen. Später lernte ich in Hamburg dann Hanna Saliba und seine syrische Küche kennen. Wie die arabische Schrift nicht nur eine Zeichenschrift, sondern auch gleichzeitig ein Kunstwerk ist, ist die syrische Küche nicht nur allerfeinstes Essen. Die Zutaten, die atemberaubenden Geschmackskombinationen, die Düfte und Gewürze kreieren ein ästhetisches Gesamtkunstwerk. Und dabei scheinen die Gerichte so einfach, aber raffiniert im wahrsten Sinne des Wortes zu sein. Wie muss ein Land und seine Menschen sein, wenn auf dem Einkaufszettel Orangenblütenwasser, Safran, Kumin, Koriander, Rosenwasser, Sesam und Sumak stehen? Wie die Gerichte: Sinnlich, geheimnisvoll, lebensfroh, farbenfreudig, gescheit, tolerant und gastfreundlich.

Hier in dieser Region, wo Küche und Kultur seit Jahrtausenden von den unterschiedlichsten Völkern geprägt sind und wo die großen monotheistischen Religionen ihren Ursprung haben, hier könnte auch das Land des Friedens sein. Also folgen wir Hanna auf der Reise nach den Dingen, die alle Menschen miteinander verbindet: Das Essen und die Herstellung von Speisen als älteste Kulturtechnik der Menschen. Es ist auch eine Reise gegen das Vergessen originärer Kochkunst im Zeitalter der industriellen, genmanipulierten und Fastfood-reduzierten Lebensmittelproduktion. Toleranz, Respekt und natürlich Neugierde, das Andere, Unbekannte kennenzulernen, ist die Basis für immer neue Rezepturen. Und die Akzeptanz der Unterschiedlichkeit ist die Basis für Völkerverständigung: „Accept diversity, towards tolerance." Die Reise zu den Küchen in Hannas Heimat, das Aufschreiben und Weitergeben der Tradition macht Hannas neues Buch zu einem Kochbuch besonderer Art: Ein Buch über Lebensmittel als Überlebensmittel, ein Plädoyer für friedliches Zusammenleben und Manifest der Lebensfreude. “

Dieter Kosslick, Direktor der internationalen Filmfestspiele in Berlin

” „Ist der Tisch erstmal gedeckt, finden sich auch Gäste" sagt ein Sprichwort, und selten wird dies so deutlich, wie bei Hanna Salibas kulinarischer Reise durch seine Heimat Syrien. Seine Liebe zum Essen, seine Freude am gemeinsamen Kochen und dem geselligen Mahl ist auch eine überschwängliche Liebeserklärung an die Menschen Syriens. Am Beispiel seiner kulinarischen Reise zeigt er auf seine ganz eigene Weise, wie sehr die Akzeptanz des Anderen, die Begegnung auf gleicher Augenhöhe und das Wissen voneinander die Grundvoraussetzung für ein menschliches und friedliches Miteinander sind. Ob in der Großstadt oder auf dem Land, ob auf dem wuseligen Markt oder im versteckten Hinterhof – Hanna Salibas Erlebnisse machen deutlich, dass das Zusammenleben verschiedener Kulturen und Religionen immer wieder neu gestaltet und miteinander gelebt sein will.

Auch Deutschland ist seit Jahrzehnten ein Einwanderungsland. Wenn es uns gelingt, diese Einwanderung aktiv zu gestalten, die Vielfalt durch Mehrsprachigkeit und verschiedene Religionen weniger als Risiko denn als Chance zu begreifen, wird dies ein großer Gewinn für unsere Gesellschaft sein. Die Aufgabe der Politik ist es hierbei, die Teilhabe von Einwanderern in allen gesellschaftlichen Bereichen zu ermöglichen und vor allem Bildungschancen unabhängig von der ethnischen Herkunft zu gewährleisten. Hanna Saliba liefert mit seinen lukullischen Einsichten in die verschiedenen Küchen Syriens seinen ganz eigenen Beitrag im interreligiösen Dialog der Völker. Denn was könnte wohl eine bessere Brücke zwischen Menschen unterschiedlicher Herkunft sein als zusammen zu kochen, zu schmausen, zu lachen, zu plaudern, kurz: gemeinsam das Leben zu genießen. Ob in Syrien oder seiner zweiten Heimat Hamburg: Wenn Hanna an seinen reich gedeckten Tisch lädt, kann einfach niemand widerstehen. “

Christa Goetsch, Zweite Bürgermeisterin, Senatorin für Schule, Berufs- und Weiterbildung der Freien und Hansestadt Hamburg

„ 36 Jahre war ich Chefredakteurin der Zeitschrift *essen & trinken*, 36 Jahre war ich auf der Jagd nach neuen Rezepten, neuen Ideen und Trends für unsere anspruchsvollen Leser. Ich weiß nicht mehr, wie viele Restaurants wir in Deutschland, Europa und weltweit besucht haben, immer auf der Suche nach dem Besonderen, nicht immer mit Erfolg. Aber an meinen ersten Abend bei Hanna Saliba erinnere ich mich, als wäre es gestern gewesen. Vielleicht liegt es daran, dass mir Leute, die nur essen und trinken, um ihren Hunger und Durst zu stillen, unheimlich sind. Hanna Saliba ist das totale Gegenteil. Ich sehe noch heute die orientalischen Vorspeisen vor mir, es müssen über 50 gewesen sein, angerichtet auf dem Tisch, dekoriert mit roten Linsen, Kreuzkümmel und Rosen, und Hanna Saliba erklärte uns jede Einzelne mit einer solchen Begeisterung, mit solch einem Stolz, dass ich nur noch eines wollte: Endlich probieren! Und er hatte nicht zu viel versprochen ... Seit diesem Abend liebe ich die syrische Küche, und sie hat bis heute für mich nicht an Faszination verloren.

Hanna Saliba hat in Hamburg Seefahrt studiert und sein Kapitänspatent erworben. Aber Kochen hat er in keiner Sterne-Küche gelernt. Er ist Autodidakt, geboren in der syrischen Hafenstadt Lattakia als Ältestes von zehn Kindern, fuhr zur See und verbrachte irgendwann mehr Zeit in der Kombüse als auf der Brücke, weil ihm das Essen an Bord nicht schmeckte. Schon sehr früh hat er sich in Hamburg verliebt und eröffnete dort später sein erstes Restaurant, seinerzeit ein Geheimtipp – heute zählen seine Restaurants zu den Besten. Damals, als ich ihn kennenlernte, trug er sein Haar noch tiefschwarz, mit seinem klassisch orientalischen Antlitz hätte er in jedem Lawrence von Arabien-Film mitspielen können. Hanna sagte: „In Syrien werden alle Söhne auf schön getrimmt, das ist Tradition!“ Und auch wenn Hanna inzwischen in Würde ergraut ist, attraktiv ist er immer noch. Sein neuester Plan: Er hat in der Altstadt von Damaskus ein altes Gästehaus restauriert, dort will er in Zukunft Freunde und Gäste aus Hamburg empfangen und sie in die Geheimnisse der syrischen Küche und Kultur einführen. Denn ein Teil von ihm ist dort immer noch zu Hause. Für dieses wunderschöne Buch hat Hanna Saliba monatelang in Syrien recherchiert, um neue Rezepte aus einer jahrtausendalten Kultur zu entwickeln. Genießen Sie es! “

Angelika Jahr, Journalistin, Chefredakteurin, Verlegerin und Herausgeberin

„ Hanna Saliba hat angerufen und sucht meinen Rat? Hilfe etwa für sein schönes Restaurant? Nein, er hat ein Kochbuch geschrieben und bittet mich um ein Vorwort. Gerne komme ich dieser Bitte meines Freundes nach. Wir kennen uns schon recht lange, doch wenn ich an Hanna denke, fällt mir vor allen Dingen eine Weihnachtsfeier mit meinen Mitarbeitern vor einigen Jahren ein. Diese alljährlichen Feiern erfreuen sich großer Beliebtheit und werden von mir sorgfältig geplant. Dieses Mal legten wir nach einer vergnüglichen Rundfahrt im Hamburger Hafen an unserem verschlossenen Tafelhaus an, um kurz Zwischenstation zu machen.

Doch als wir das dunkle Restaurant betraten, schlugen uns plötzlich zauberhafte Klänge entgegen. Der Raum entpuppte sich als orientalischer Palast, mit Kerzen, Rosenblättern und exotischen Wohlgerüchen. Die Mannschaft des Salibas hatte Küche und Service übernommen und hieß uns mit einem heißen Pfefferminztee willkommen. Sie verwöhnten uns mit den köstlichsten syrischen Speisen und zu unserer Unterhaltung gab es Tanz und arabische Musik. Zusammen mit den funkelnden Lichtern des Hamburger Hafens fühlten wir uns wie in Tausendundeiner Nacht. Dieser Abend war ein voller Erfolg. Hanna hat uns mit seinen Köstlichkeiten für ein paar Stunden in eine andere Welt entführt – in Hannas Welt! Genau dies wird Ihnen passieren, wenn Sie sich von diesem Buch verführen lassen und Hanna Saliba in seine Welt des Orients folgen ... “

Christian Rach, Sternekoch und Inhaber des Restaurants ‚Tafelhaus‘ in Hamburg

Hanna Saliba | Kapitän zur See, Kapitän in der Küche

Die Möwen kreischen über den Köpfen und versuchen einen der Fische zu ergattern, die die Fischer aus dem Wasser ziehen. Wellen klatschen an die Molen, Gischt wirbelt auf, der Wind streift sanft über die Taue, es riecht nach Seetang und ein bisschen nach Diesel. Es könnte der Hafen von Hamburg sein, doch dort, wo Hanna Saliba steht und die frische Seeluft einatmet, hat er vor 40 Jahren schon einmal gestanden. Damals, als in ihm die Sehnsucht nach der Ferne geweckt wurde. „Er blickte wieder über den leeren Marktplatz, aber nun fühlte er nicht mehr die Verzweiflung von vorher. Es war keine fremde Welt, sondern eine neue. Schließlich war es genau das, was er immer gewollt hatte: neue Welten kennen lernen … Ach, wenn sie wüssten, dass es zwei Seestunden entfernt so viele exotische Dinge gab." So beschreibt der brasilianische Schriftsteller Paulo Coelho die Sehnsucht des Alchimisten nach dem Orient. Hanna Saliba blickte damals von jenem Orient in die andere Richtung, so wie heute, von seiner Heimatstadt Lattakia in Syrien aus. Und heute fühlt er sich beiden Welten verbunden. Heimweh war ihm stets fremd, Fernweh trieb ihn an.

Schon immer wollte Hanna Saliba ein Schiff über den Atlantik steuern, nur nach den Sternen und der Sonne. Das war sein Traum, seit er als kleiner Junge den Schiffen zusah, wie sie den Hafen von Lattakia verließen und er sich fragte, wohin in die weite Welt sie wohl über das Meer gleiten. Es war auch ein Stück familiäre Tradition, denn viele aus der Familie Saliba haben im Hafen von Lattakia gearbeitet. Da traf es sich gut, dass es Ende der 1960er Jahre in Deutschland einen Bedarf nach Offizieren zur See gab. Der Verband deutscher Reeder entsann sich offenbar der phönizischen Seefahrertradition der Levanteküste, als er in den Hafenstädten Tripolis im Libanon und Lattakia in Syrien anfragen ließ, ob es Interessenten gäbe, das

Studium „Kapitän auf großer Fahrt" aufzunehmen, beginnend mit der Ausbildung in der Seemannsschule in Bremervörde. Es gab sie. Hanna Saliba natürlich. Zusammen mit seinen beiden Freunden Jaques Tofi und Samir Naddur absolvierte er sogleich einen Deutschkurs in Tripolis und machte sich 1971 als damals 20-jähriger auf den Weg nach Deutschland. „Einmal in der Woche fuhr ein Bus nach Istanbul," erzählt Hanna Saliba. „Von dort ging es mit dem Taxi an die bulgarische Grenze, mit der Bahn weiter nach Sofia und über Österreich und München schließlich nach Hamburg. Wir dachten, wir seien am Ziel." Aber mit 17 Mark Restguthaben mussten sie feststellen, dass Bremervörde nicht in Hamburg lag. Und der Taxifahrer wollte 90 Mark. Aber ein Syrer findet immer seinen Weg. Hanna ging also drei Monate in Bremervörde an die Seemannschule, fuhr anschließend drei Jahre auf Schulfschiffen bis zum „Matrosen mit Brief", und nahm schließlich ein dreijähriges Studium in Hamburg auf, das mit dem Kapitänspatent endete. Von Hamburg sollte er nicht mehr loskommen, dort lernte er auch später seine holländische Frau Bea kennen.

Schon nach sechs Monaten auf See war ihm klar, dass er nicht mehr dauerhaft nach Syrien zurückkehren würde. Es brauchte lange, bis sein Fernweh gestillt wurde. Dabei ist er der Älteste von zehn Geschwistern, in dieser Rolle kommt ihm eine besondere Verantwortung zu. Zumal die Mutter früh gestorben war. „Das hat schon Esau aus dem Alten Testament zu spüren bekommen, was es bedeutet, der älteste Sohn zu sein", sagt Hanna Saliba augenzwinkernd. Doch Hanna Saliba hatte seinen eigenen Kopf. Schon immer. Nicht einmal das Mädchen in Lattakia, in das er verliebt war und dem er versprach, möglichst schnell zurückzukehren, konnte seine Pläne ändern. Er zog es vor, mit den Schiffen die Welt zu entdecken. Bis heute erinnert er sich an das berauschende Gefühl, als er gemeinsam mit Jaques zum ersten Mal mit einem Schiff auf den Weg nach Port of Spain über den Atlantik fuhr: „Mir kam es vor, als würden wir nach Sonne und Sterne fahren. So, wie ich es mir immer erträumt hatte."

SPARSAM AUF SEE, VERSCHWENDERISCH BEIM ESSEN

Wer über die Meere dieser Welt fährt, lernt die Küchen dieser Welt kennen. Und eines hatte Hanna Saliba aus seiner Heimat Syrien mit auf See genommen: Seine Liebe zum Genießen. Das hatte zwei Dinge zur Folge. Da man an Bord spart, gibt man das Geld in den Häfen aus. Hanna Saliba hat sein Geld am liebsten in guten Restaurants gelassen, auch damals schon mochte er es, wenn möglichst viele an einem Tisch saßen. Ganz wie zu Hause in Syrien. An Bord wiederum hat er seine Freizeit in erster Linie in der Kombüse verbracht. „So

▼ Sie sind zusammen zur Schule gegangen und sind bis heute dicke Freunde: Der Schauspieler Dschihad Saad (rechts) und Hanna Saliba kochen im Restaurant „Iskenderun" in Damaskus.

manch einer der talentierten Smutjes versuchte, einer enttäuschten Liebe an Land zu entfliehen," erzählt er lachend. „Das war gut für mich, so habe ich viel dazu gelernt." Hanna Saliba selbst aber kochte am liebsten syrisch und beglückte damit seine Freunde und Kollegen an Bord. Nach vierzehn Jahren jedoch stellte er sich die Frage: Schiff oder Hafen? Immerhin wartete auch Bea auf ihn in Hamburg. Und Hanna Saliba ist ein Familienmensch, wie jeder Syrer. Seine beiden Kinder, seinen Sohn Ilyas und seine Tochter Hilane, wollte er nicht nur auf Fotos aufwachsen sehen. Er entschied sich schließlich für den Hafen und übertrug das Verwöhnen auf Freunde an Land. Zunächst kochte er nur für sie, aber eines Abends fragte er: „Würdet ihr dafür eigentlich auch bezahlen?" Die Antwort war so eindeutig, dass er beschloss, ein Restaurant zu eröffnen. Dieser Entschluss sollte sein Leben und das seiner Familie verändern.

Die syrische Küche war damals, vor über zwanzig Jahren, nicht nur in Hamburg, sondern in Deutschland insgesamt unterrepräsentiert, dabei ist sie so vielseitig. Hanna weiß, warum: „Sie vereinigt alle Kräuter dieser Welt, alle Gewürze. Im Laufe unserer langen Geschichte haben wir alle Einflüsse der verschiedenen Völker aufgenommen. Und die Raffinesse kommt direkt aus der Natur, von der Dattel in der Wüste, der Weintraube im Hauran, den Kräutern in den Bergen über die Nüsse im Norden und den Früchten um Damaskus, daraus kann man wunderbare Gerichte zaubern." Deswegen ist es ihm wichtig, die Naturprodukte auch immer herauszuschmecken. „Ich mache aus Knoblauch, Zitrone, Thymian und ein bisschen Wasser eine wunderbare Sauce", schwärmt Hanna. „Wenn die Grundzutaten spitze sind, brauche ich keinen Fond. Auch unsere Schafskäsesauce besteht ja fast nur aus Joghurt und Schafskäse. Das genügt für ein intensives Geschmackserlebnis." Doch erstklassige Grundzutaten zu bekommen, das war damals gar nicht so einfach. Auberginen, Granatäpfel, glatte statt krause Petersilie, Basilikum, Minze, Oregano, Mangold, Koriander, Kumin oder Kardamom, das alles sind mittlerweile nicht mehr nur Zutaten der arabischen Küche, in türkischen, arabischen oder anderen asiatischen Lebensmittelgeschäften sind das heute alltägliche Produkte. Zu jener Zeit waren es Exoten, die fast nur auf dem Großmarkt zu finden waren – nachdem Hanna Saliba sie für seine Restaurants bestellt hatte. Sein Bedarf war immens. „Ich habe nie nach den Preisen gefragt", sagt Saliba. „Auch für Lammfleisch oder Scampi nicht. Ich wollte einfach sehr gute Qualität haben, da war mir der Preis egal."

In seinem ersten Restaurant, dem „Asch-Schamrar" in der Rentzelstraße, und auch im später gegründeten „Saliba" in der Osterstraße, hat er die ersten Jahre selbst gekocht. Zuvor aber hat er für sechs

Monate seine Schwester Janette nach Hamburg kommen lassen, die ihm weitere Tricks und Tipps verriet; er schmökerte in Kochbüchern, tauschte sich mit Kollegen aus, experimentierte viel. Mit diesen Erfahrungen entwickelte Hanna Saliba schließlich seine Kreationen der „feinen Küche Syriens", was bald zu seinem Motto avancierte. Das war neu, selbst für syrische Verhältnisse. Denn auch seine Mutter und selbst Janette – die „Meisterin des feinen Geschmacks" – haben zum Beispiel Okraschoten zerkocht, so war man es gewohnt. Hanna wusste, dass dadurch viele Nährstoffe verloren gehen und hat deswegen Okraschoten nur al dente zubereitet und mit weiterem knackigen Gemüse kombiniert. Vor allem für seine Mittagstische hat er sich mit Nährstofftabellen beschäftigt, schon vor über 20 Jahren. Die jetzige Welle des Vegetarischen und des Wellness waren also nichts Neues für ihn. Fleisch gab es selten in Syrien, es war zu teuer. Und mit Olivenöl hat man, wie in der gesamten mediterranen Küche, schon immer gekocht.

SYMMETRIE AUF DEM TELLER, HARMONIE FÜR DAS AUGE

Doch die Küche à la Hanna Saliba sollte nicht nur fein zubereitet werden, sie sollte auch in einer harmonischen Atmosphäre zu genießen sein. Arabische Gastfreundschaft, eine Tradition von hohem kulturellem Wert, spielt dabei eine große Rolle. „Bei mir beginnt die Gastfreundschaft nicht, wenn der Grappa mit der Rechnung kommt", erklärt er seine Philosophie, in der sich die Verbundenheit zu seinen syrischen Wurzeln zeigt. „Wir servieren Tee und Datteln in unserem Diwan, wenn der Gast kommt. So beginnen Sinneserlebnisse." Einen Tee oder Kaffee servieren, so begrüßt man ehrerbietungsvoll in einer syrischen Familie seinen Gast. Hanna Saliba entwickelte eine Sensibilität für alles, was mit dem Auge zu tun hat, eine Art „Feng Shui à la Hanna". Diese Symmetrie übertrug er auf sein Restaurant und seine Kreationen.

Die berühmten Vorspeisen, die *Mazza*, reihen sich deswegen in vielen kleinen rechteckigen Schälchen akkurat nebeneinander auf dem Tisch, sie unterstreichen die Ruhe und Harmonie, genauso wie die charakteristischen kreisrunden Leuchter an den Decken, deren viele kleine Lichter das dezente Interieur sanft ausleuchten und an viele kleine Kerzen erinnern. Dieser Stil kam an, selbst in einer Metropole wie Hamburg war das neu, das Saliba-Restaurant avancierte zum In-Treff, das stets ausgebucht war. Weitere Restaurants also sollten folgen. „Aber ich habe immer ein bis zwei Tische freigehalten, für spontane Gäste," erzählt Hanna Saliba. Hatten sich Verliebte angekündigt, schrieb der ehemalige Kapitän an seine Kellner einen Zettel: „*Dalaal!*, verwöhnt sie!" Das ist bis heute so. Aber verwöhnt werden nicht nur Verliebte.

Syrien | Wo Orient und Okzident genussvoll verschmelzen

Es ist kein Zufall, dass Hanna Saliba ein großer Genießer ist. Natürlich liegt es an seiner Heimatstadt Lattakia, in der das Genießen sozusagen zur „corporate identity" gehört. Aber vor allem liegt es daran, dass er aus Syrien stammt. Durch dieses Land, mitten im Vorderen Orient und im Fruchtbaren Halbmond gelegen, zogen alle Hochkulturen dieser Weltgeschichte: Sumerer, Assyrer, Babylonier, Phönizier, Aramäer, Perser, Griechen, Römer, Byzantiner, Araber und Türken, und damit sind noch nicht einmal alle genannt. Während der Mandatszeit zu Beginn des vergangenen Jahrhunderts kamen auch Franzosen und Briten. Sie alle brachten ihre Kochtraditionen mit, die sich zu wunderbar neuen Kreationen vermischten. Manche Speise ist sogar bei uns so selbstverständlich geworden, dass wir sie gar nicht mit der arabischen Welt in Verbindung bringen. So vertreten einige Historiker die Ansicht, dass römische Soldaten aus der „Provincia Syria" das Fladenbrot Pita mit nach Italien brachten, woraus wahrscheinlich zunächst die Focaccia und schließlich über ein paar Umwegen die Pizza entstanden ist. Ähnliches widerfuhr der Pasta. Für Beduinen, die selten einen Kühlschrank besitzen, sind langhaltbare Lebensmittel unverzichtbar. Aus dieser Notwendigkeit heraus ist einst die Nudel entstanden, von der ebenfalls so mancher behauptet, sie stamme aus Arabien. Oder aus China. Aber eben nicht aus Italien.

Das Syrien des Alten Orients und der Antike, also der Raum, der die heutigen Länder Syrien, Libanon, Jordanien und Israel/Palästina umfasst, war immer ein Scharnier zwischen Orient und Okzident, ein Durchgangsland für den Fernhandel, der die Region und die Städte reich machte. Rezepte und Gerichte konnten sich dadurch am schnellsten verbreiten. In Damaskus und Aleppo kamen die Weihrauchstraße und die Seidenstraße zusammen. Eine der Hauptrouten der Weihrauchstraße führte vom Oman über den Jemen zur nabatäischen Handelsstadt Petra und von dort über Damaskus weiter bis nach Indien. Eine andere Route führte von Petra aus nach Nordafrika. Mit dem Weihrauch aus dem Jemen kam auch der Kaffee, im Austausch lieferte man vor allem Elfenbein, Edelmetalle, Stoffe und Sklaven. In die andere Richtung wurden über den Tigris Waren von Basra im Persisch-Arabischen Golf nach Bagdad und von dort über die Wüste nach Syrien und Ägypten weitergehandelt. Mit dem Austausch weit entfernter Kulturen wurden ganz neue Nutzpflanzen bekannt: Reis, Zuckerrohr, Wassermelonen, Auberginen und Zitronen, aber auch Kurkuma, Sternanis und andere Gewürze, die man über Persien aus Indien und China holte und in die Mittelmeerregion einführte. Weil die Araber im großen Stil Orangen nach Portugal handelten, heißen sie bis heute *Burtuqaal*. Aus dem anderen arabischen Wort *Narandsch* wurde verballhornt die Orange. Von China übernahmen die Araber übrigens auch ein eisgekühltes Fruchtsirup, das sie *Scharbaat* nannten. Über das türkische *Scherbet* kam das Wort bei den Europäern als Sorbet an.

Der Gewinn all dieser kostbaren Waren war so groß, dass man die Risiken einer oftmals mehrere Monate dauernden Reise über zum Teil enorme Distanzen dafür auf sich nahm. Unterhändler, die sich ihre gefahrvolle Arbeit gut bezahlen ließen, transportierten die Waren meist im Auftrage von Großkaufleuten und Handwerkern. Aus Schutz vor Überfällen schlossen sich die Händler zu Konvois zusammen, wofür das persische Wort *Karawaan*, Handelsschutz, gebräuchlich wurde. Versorgt wurden die Karawanen in den damaligen Rasthäusern, den Karawansereien. In Handelskontoren, sogenannten *Khans*, wurden die Waren in der Stadt umgeschlagen und an die jeweiligen Warengassen im *Suq* (die arabische Bezeichnung für den persischen Basar) verteilt oder über andere Karawanen weiterverhandelt. Jahrhunderte lang hatten so arabische und persische Händler den Landhandel zwischen Orient und Okzident kontrolliert und zum Aufstieg mächtiger Reiche in Nordafrika und im Vorderen Orient beigetragen. Aber auch die Europäer profitierten davon: Andalusien, Sizilien und besonders die italienischen Seerepubliken wie Genua, Pisa und Venedig konnten durch den gewinnbringenden Handel vor allem während der Kreuzzüge zwischen dem 11. und 13. Jahrhundert ihre Städte prächtig ausbauen. Nach und nach kontrollierten sie den gesamten Levantehandel. Der Neubau des Doms und des Campaniles in Pisa wären ohne diese Gelder nicht möglich gewesen. Italienische Handelsleute waren es auch, die aus der nordsyrischen Stadt Hallab die italienische Verballhornung Aleppo machten. Händler aus Damaskus waren ebenfalls im erheblichen Maße durch den Verkauf von Seide, Brokat und Stahl am gewinnbringenden Handel beteiligt. Akkon unterhielt Handelsbeziehungen nach Marseille, Montpellier und Narbonne. Der Islam stand dem Fernhandel wohlwollend gegenüber,

schließlich stammte der Prophet Muhammad aus der Handelsstadt Mekka. Schon als junger Mann begleitete er Karawanen seiner ersten Frau Chadidscha nach Syrien. Im Koran wird überliefert: „Gott hat das Kaufgeschäft erlaubt und die Zinsleihe verboten" (Sure 2,275). Und der Handel zwischen Orient und Okzident hatte noch eines gelehrt: Wie praktisch die Anwendung der arabischen Zahlenzeichen gegenüber der komplizierten römischen Zählweise war. Die Einführung der Null (arab. *sifr*, daraus das deutsche Wort *Ziffer*) sollte einer der größten Errungenschaften sein.

MEDITERRANE LEBENSART

Syrien war stets ein Land an der Peripherie der Machtzentren. Die geografische Lage, durch die Syrien Durchzugsgebiet von Völkern und Hochkulturen wurde, verhinderte gleichzeitig, dass auf syrischem Boden ein eigenständiges Imperium entstehen konnte. Vielmehr ist seine Geschichte geprägt von Stadtstaaten, die untereinander konkurrierten, sich manchmal bekämpften, aber auch Bündnisse eingingen, am liebsten mit den Großmächten wie den Ägyptern, Hethitern oder Persern; das sicherte gute Absatzmärkte. Die langlebigsten Stadtstaaten sind bis heute Damaskus und Aleppo, die zu den ältesten Städten der Welt zählen. Aber natürlich haben die mächtigen Nachbarn immer wieder versucht, Syrien direkt zu kontrollieren. So war es im 1. Jahrtausend Teil des babylonischen Reiches, bevor es an Alexander den Großen fiel und an seine Nachfolger, die Seleukiden. Schließlich wird es bis zum Ende des 4. Jahrhunderts nach Christus römische Provinz, dann Teil des byzantinischen Reiches und ab dem Jahre 636 Mittelpunkt des ersten arabischen Großreiches, das der Umayyaden, mit Damaskus als Hauptstadt.

Neben der geografischen Lage und den Handelsstraßen war es auch die Fruchtbarkeit des Bodens, die den kulturellen Reichtum des Landes ermöglichte. Mächtige Stadtstaaten des Alten Orients wie Mari, Ebla und Ugarit konnten erst dadurch zur Blüte gelangen. Im Norden und Osten öffnet sich das Land dem Zweistromland, das von den beiden Flüssen Euphrat und Tigris eingerahmt wird. Entlang dieser beiden Flüsse erlauben die grünen Ufer bescheidene Landwirtschaft. Nur wenige Kilometer entfernt wird die Erde karg und geht in die Steinwüste über. Eine Lebensader für Syrien war der Euphrat, der das Land auf 700 Kilometern durchzieht. An ihm orientierten sich die Karawanenrouten, solange man noch nicht das Kamel domestiziert hatte und ab dem 1. Jahrtausend auch die syrische Wüste durchqueren konnte. Ausgrabungen in der alten Königsstadt Mari am unteren Euphrat gelegen beweisen nicht nur, wie weit schon im 2. Jahrtausend vor Christus die Handelsverbindungen reichten

– Kupfer aus Zypern, Zinn aus Persien, Lapislazuli aus Anatolien waren begehrte Güter –, sondern dass ihre Bewohner bereits Weizen, Gerste, Feigen und Granatäpfel anbauten. Im Westen des Landes ragen die Berge des Antilibanon-Gebirges mit Höhen bis zu 2.800 Meter empor, und einer seiner wichtigen Quellflüsse, der Barada, wurde zur Lebensader der ehemaligen Oasenstadt Damaskus. Der Orontes, ein weiterer Fluss, der in den Gebirgen entspringt, fließt als einziger Fluss im Vorderen Orient von Süden in den Norden, *Nahr al-Asi*, den Widerspenstigen, nennen die Syrer ihn deswegen. Der Süden des Landes geht über in den fruchtbaren Teil des Haurans, schon für die Römer war es die Kornkammer ihrer „Provincia Syria".

Die geografischen und historischen Bedingungen, eine vielfältige kulinarische Tradition entstehen zu lassen, waren also ideal in Syrien, einem Land, das auch zur mediterranen Welt gehört. Die Lebensart also, in der die Küche und vor allem das Essen eine zentrale soziale Funktion einnimmt, ist besonders ausgeprägt. Es ist der Moment, wo Familie und Freunde zusammenkommen, es sind Stunden des Gesprächs, des Verweilens, der Gelassenheit – und damit des Genießens. Der hohe Stellenwert des Essens in Syrien mag außerdem in einer Tradition der syrischen Gesellschaft begründet liegen, die auch Hanna Saliba verinnerlicht hat: in der Gastfreundschaft. Sie wird jederzeit gelebt, und sie ist zugleich eine Möglichkeit, in der Gesellschaft Ansehen zu gewinnen, indem man sich als großzügiger Gastgeber zeigt. Es verwundert wenig, dass die Syrer dafür eine Redewendung parat haben: *Al-Akl 'ala qadd al-Mahabbe* – „Das Essen kommt der Zuneigung gleich" sagen sie. Wenn also ein Gast viel isst, drückt er damit seine Wertschätzung gegenüber dem Gastgeber aus. Und ein Gastgeber wiederum trägt entsprechend reichlich auf, um auch seinem Gast große Ehre angedeihen zu lassen. Das war früher so, und das hat sich bis heute nicht geändert. Ein Besuch in Syrien empfiehlt sich also nicht, wenn man auf seine schlanke Linie achten möchte. Man würde nicht nur als unhöflich gelten, sondern viel verpassen.

Rinderfilet an Schwarze-Oliven-Sauce und Gemüse-Schafskäse-Ragout

Zutaten

4 Rinderfilets à 200 g
1 Knoblauchzehe, in der Schale leicht zerdrückt
Olivenöl
Salz, Pfeffer

Gemüse-Schafskäse-Ragout

1 EL Schalotten, in feine Würfel geschnitten
1 Knoblauchzehe, zerstoßen
150 g Kohlrabi, in ca. 1 Zentimeter große Würfel geschnitten
150 g Karotten, in ca. 1 Zentimeter große Würfel geschnitten
150 g Zucchini, halbiert und in etwa 1 Zentimeter dicke Scheiben geschnitten
150 g Zuckerschoten, blanchiert
¼ Bund Thymian
100 g sehr gute griechische Oliven, grob gewürfelt
60 g Schafskäse, fein gewürfelt
Zucker
Olivenöl
Salz, Pfeffer

Schwarze-Oliven-Sauce

200 ml Gemüsebrühe
300 g schwarze Oliven, püriert
Salz, Pfeffer

Zubereitung

Für das Ragout die Schalotten in heißem Olivenöl anschwitzen. Kohlrabi und Karotten dazugeben, mit etwas Wasser ablöschen und dünsten. Kurz vor Ende der Garzeit die Zucchini und Zuckerschoten dazugeben und mit jeweils einer Prise Zucker und Salz würzen. Die Thymianblätter von den Zweigen zupfen und zusammen mit den Oliven zum Gemüse geben. Kurz vor dem Anrichten den Schafskäse dazugeben. Nicht mehr erhitzen.

Für die Sauce die Gemüsebrühe auf etwa ein Drittel reduzieren. Die pürierten Oliven unterrühren und abschmecken. Die Rinderfilets salzen und pfeffern. In sehr heißem Olivenöl in einer Pfanne mit dem Knoblauch 2 Minuten scharf anbraten, wenden und nach weiteren 2 Minuten im Ofen bei 200 °C für ca. 10–12 Minuten weitergaren. Herausnehmen und 2 Minuten ruhen lassen. Das Gemüse-Schafskäse-Ragout auf Tellern anrichten, die Filets darauflegen. Die Sauce getrennt dazu reichen.

Lammfilet auf Schafskäse-Sauce und Basilikum

Zutaten

720 g Lammfilet, pariert
Olivenöl
Salz, Pfeffer

Schafskäse-Sauce
100 ml orientalische Gemüsebrühe (siehe Grundrezept)
100 ml Sahne
250 g Schafskäse, leicht zerbröselt
8 Blatt Basilikum, in feine Streifen geschnitten
Salz, Pfeffer

Granatapfelkerne zum Dekorieren

Zubereitung

Für die Sauce die Gemüsebrühe mit Sahne aufkochen, Schafskäse dazugeben. Nicht mehr kochen lassen. Das Lammfilet salzen, pfeffern und in sehr heißem Olivenöl von jeder Seite ca. 3–5 Minuten braten. Die heiße Sauce im Mixer oder mit einem Pürierstab aufmixen und abschmecken. Die Sauce auf Tellern anrichten, die Basilikumstreifen darüber verteilen. Das Lammfilet darauflegen und mit Granatapfelkernen dekorieren.

Lammlachse unter einer Saatar-Kruste auf Tomaten-Basilikum-Sauce

Zutaten

4 Lammlachse à ca. 180 g, gegebenenfalls parieren
40 g Saatar (Gewürzmischung, siehe Glossar)
30 ml Olivenöl

Tomaten-Basilikum-Sauce
150 g Tomaten
600 ml Lammjus (siehe Grundrezept)
2 Basilikumzweige, Blätter abgezupft
1 Prise Kumin
Saft von ½ Zitrone
Salz

Zubereitung

Für die Sauce die Tomaten am Boden kreuzförmig einritzen und in einer hitzebeständigen Schüssel mit kochendem Wasser überbrühen. Nach 30 Sekunden herausnehmen, abschrecken und die Haut von der Schnittstelle aus abziehen. Die Tomaten vierteln und die Kerne herauslösen. Die Kerne und den Saft aufbewahren. Das Fruchtfleisch fein würfeln. Die Lammjus mit den Kernen und dem Saft bei starker Hitze auf die Hälfte reduzieren, kurz vor Ende die Basilikumblätter dazugeben und weiter einkochen. Mit Salz, Kumin und Zitronensaft abschmecken. Durch ein feines Sieb passieren, die Tomatenwürfel dazugeben und nicht mehr kochen lassen.

Die Lammlachse salzen, in einer heißen Pfanne von beiden Seiten kurz scharf anbraten. Das Saatar mit Olivenöl zu einer Paste vermischen. Die Lammlachse in die Pfanne oder auf ein kleines Blech legen und die Oberseite mit der Saatar-Mischung nicht zu dick bestreichen und im auf 200 °C vorgeheizten Backofen ca. 6–8 Minuten weitergaren. Herausnehmen und abgedeckt ca. 4 Minuten ruhen lassen.

Die Tomaten-Basilikum-Sauce auf Teller verteilen, die Lammlachse in ca. 2–3 Zentimeter breite Streifen schneiden und darauf anrichten. Mit Couscous (siehe Grundrezept) servieren.

Dieses Rezept zählt zu den Klassikern von Hanna Saliba. *Saatar* ist eine im Vorderen Orient und ganz besonders in Syrien weit verbreitete Gewürzmischung, die man aber weniger zum Würzen beim Kochen verwendet, sondern als Dip, in den man frisches Fladenbrot mit ein bisschen Olivenöl tunkt und als kleinen Snack genießt. Dass man *Saatar* aber auch kreativ einsetzen kann, zeigt Hanna Saliba mit diesem Rezept.

Entenbrust unter einer Sesamkruste mit Aprikosen und Pflaumen auf Orangen-Zimt-Sauce

Zutaten

720–800 g Entenbrust
1 EL Honig
2 EL Sesam, in einer Pfanne leicht geröstet
Salz

Aprikosen und Pflaumen
150 ml Wasser
160 g Zucker
10 g frischer Ingwer, in Scheiben geschnitten
½ Zimtstange
120 g getrocknete Aprikosen ohne Stein
120 g getrocknete Pflaumen ohne Stein
Saft von ½ Limette

Orangen-Zimt-Sauce
50 g Zwiebeln, in feine Würfel geschnitten
1 l Geflügelbrühe
2 TL Zimt
Saft von 2 Orangen
Olivenöl

Zubereitung

Für das Obst Wasser mit Zucker, Ingwer und der Zimtstange zum Kochen bringen. Nach 5 Minuten die Aprikosen und Pflaumen dazugeben und einkochen, bis ein dickflüssiger Sirup entsteht.

Für die Orangen-Zimt-Sauce die Zwiebeln in etwas Olivenöl glasig anschwitzen, die Geflügelbrühe dazugeben und aufkochen lassen. Zimt mit Orangensaft gut verrühren und zur Geflügelbrühe geben. Auf etwa die Hälfte bis zu einem Drittel der Menge reduzieren und abschmecken. In der Zwischenzeit die Entenbrüste von beiden Seiten salzen. In einer nicht zu heißen Pfanne zuerst auf der Hautseite anbraten, nach 3 Minuten (wenn die Haut braun und kross ist) wenden und die andere Seite anbraten. Für ca. 7 Minuten in dem auf 200 °C vorgeheizten Backofen weitergaren lassen. Herausnehmen, die Hautseite mit Honig und 1 Esslöffel geröstetem Sesam bestreichen und für weitere 3 Minuten in den heißen Ofen stellen. Herausnehmen und 2 Minuten ruhen lassen.

Den Limettensaft zu den Aprikosen und Pflaumen geben, kurz noch einmal erhitzen und die Früchte herausnehmen. Auf Tellern gleichmäßig arrangieren und etwas Sirup darübergeben. Entenbrüste in Scheiben schneiden, auf den Früchten anrichten und die Orangen-Zimt-Sauce darum verteilen. Mit Safranreis (siehe Grundrezept) servieren.

Geschmorte Kaninchenkeule in Kardamomsauce

Zutaten

4 Kaninchenkeulen à ca. 250 g
1 TL Kardamomsamen, im Mörser fein zerstoßen
2 EL Senf
Mehl
4 EL Olivenöl
200 g Zwiebeln, in grobe Würfel geschnitten
180 g Karotten, in grobe Würfel geschnitten
200 g Sellerie, in grobe Würfel geschnitten
2 große Knoblauchzehen, in der Schale leicht zerdrückt
50 g Tomatenmark
20 Kardamomkapseln, grob zerstoßen
1 Lorbeerblatt
1 Thymianzweig
350 ml Sahne
1 EL Kardamompulver
1 Msp. Harissa
1 TL Zimt
1–2 EL Weinessig
Salz, Pfeffer

Zubereitung

Die Kaninchenkeulen waschen, abtupfen, mit Salz, Pfeffer und zerstoßenem Kardamom würzen, mit Senf bestreichen und in Mehl wälzen. In heißem Olivenöl scharf anbraten, nach ca. 4 Minuten wenden. Zwiebeln, Karotten, Sellerie und Knoblauch zum Fleisch geben und mitbraten, bis das Gemüse etwas Farbe bekommen hat. Die Keulen herausnehmen, das Tomatenmark zum Gemüse geben, gut unterrühren und mit etwas Mehl bestäuben. Die Kardamomkapseln, den Thymianzweig und das Lorbeerblatt ebenfalls zum Gemüse geben. Mit ca. 1 Liter Wasser und der Sahne ablöschen. Kardamompulver, Harissa und Zimt untermengen und gut verrühren. Die Keulen wieder dazugeben, einmal aufkochen lassen und mit dem Deckel zugedeckt im vorgeheizten Backofen ca. 1 Stunde bei 200 °C weitergaren.

Die Kaninchenkeulen erneut herausnehmen, den Sud reduzieren. Durch ein Sieb in einen Kochtopf passieren, die Reste gut anpressen und aufkochen lassen. Eventuell noch etwas reduzieren. Mit Essig, Salz, Pfeffer abschmecken. Mit Fadennudel-Basmatireis und Gemüse (siehe Grundrezepte) servieren.

Mit Grünkern gefüllte Wachtel

Zutaten

4 ausgelöste Jumbo-Wachteln (Karkassen aufbewahren)

100 g Grünkern
150 g Zwiebeln, in Würfel geschnitten
2 Knoblauchzehen, leicht zerdrückt
1 Lorbeerblatt
5 Pimentkörner
2 Thymianzweige
100 g Lammhackfleisch
4 Kardamomkapseln, leicht zerdrückt
4 TL Saliba-Gewürzmischung (siehe Grundrezept)
1 Rosmarinzweig
Olivenöl
Salz

Zubereitung

Grünkern für 24–36 Stunden einweichen, danach abgießen.

Etwas Olivenöl erhitzen, Karkassen darin hell anrösten, 100 Gramm Zwiebeln mit 1 Knoblauchzehe, Lorbeerblatt, Piment, 1 Thymianzweig und Kardamomkapseln anschwitzen. Mit 1,5 Liter Wasser ablöschen und ohne Deckel etwa 30 Minuten kochen lassen. Durch ein feines Sieb passieren. Das ergibt ca. 1 Liter Brühe. Restliche Zwiebeln in 4 Esslöffel Olivenöl goldgelb anschwitzen. Den Grünkern dazugeben, anschwitzen und salzen. Mit der Brühe ablöschen und etwa 20 Minuten mit geschlossenem Deckel köcheln lassen.

Die Wachteln von beiden Seiten mit Salz und Saliba-Gewürzmischung würzen. Das rohe Lammhackfleisch mit der abgekühlten Grünkernmischung vermengen. Die aufgeklappten Wachteln damit füllen, mit Zahnstochern verschließen oder zunähen und ungefähr 20 Minuten im vorgeheizten Backofen bei 200 °C garen. Anschließend die Wachteln noch in Olivenöl mit Thymian, Rosmarin und Knoblauch schwenken. Mit orientalischem Salat (siehe Grundrezept) servieren.

LATTAKIA

Müßiggang am Mittelmeer und toskanische Landschaften

اللاذقية

◄ In der Nähe von Kassab, wo Familien in den Wäldern gerne picknicken.
► Nördliche Küste am Mittelmeer.

Es ist nicht überliefert, ob Seleukos Nikator gerne an der Uferpromenade von Lattakia, der Corniche, sich einen *Sultan Ibrahim*, eine Meerbarbe, braten ließ und sie mit reichlich Zitronensaft und einem frischen Salat genoss. Hätte der griechische Feldherr es getan, hätte er auch dabei die Augen geschlossen und das Rauschen des Meeres in sich aufgesogen? Auf jeden Fall bewies Seleukos als Nachfahre Alexander des Großen Geschmack, als er im 4. vorchristlichen Jahrhundert an dieser Stelle der Mittelmeerküste seine Zelte aufschlagen und dann gleich eine ganze Stadt bauen ließ, die er nach seiner Mutter „Laodicea" benannte.

Als Hanna Saliba an der Uferpromenade entlang spaziert, schaut er immer wieder auf sein Handy. Noch immer keine Nachricht von seinem Sohn Ilyas in Hamburg. Warum dauert das nur so lange? Er hätte doch schon längst …Piep Piep! Na endlich! Doch die Nachricht verheißt nichts Gutes: Der Hamburger SV hat verloren. „Mist, verdammt! Ausgerechnet zuhause!", brummelt Hanna vor sich hin. Da nützt die frische Seeluft nichts, nicht die Aussicht auf kulinarische Genüsse bei seiner Schwester Janette, die Niederlage muss er vorher verdauen. Hanna Saliba dürfte der größte syrische Fan des HSV sein. „Oh nein", entgegnet Hanna energisch, „der größte Fan der ganzen

An der Corniche: Blick auf Kräne und Frachter, wo einst die Wellen gegen die Molen schlugen und die Fenster der Restaurants mit einer Salzkruste überzogen.

Welt!“ Auch das ist wohl nicht ganz richtig, die ganze Familie ist HSV-verrückt und besitzt Dauerkarten für das Stadion und wann immer möglich, reisen sie ihrem Verein hinterher. „Wir sind eben sehr patriotisch“, sagt Hanna und präzisiert: „Hamburg-patriotisch!“ Doch zuerst kommt ihr Stadtteil Eimsbüttel, heute einer der gefragtesten Szeneviertel der Hansestadt, wo sie schon „seit ewigen Zeiten leben“. Und Lattakia? Hanna überlegt. Es fällt ihm schwer zu sagen, für welche Stadt sein Herz höher schlägt, schließlich lebt der 58-jährige seit fast 40 Jahren in Hamburg. Und dann entscheidet er sich ganz hanseatisch: „Ich habe beides, ein Vaterland und ein Mutterland.“ Im Gegensatz zum Deutschen bezieht man sich im Arabischen auf die Mutter, wenn man seine Heimat beschreiben möchte. Syrien ist also Hannas Mutterland. Der Hamburger aber kommt dennoch in seiner Sprache durch: „Jo, ne?“ hört man bei ihm häufiger. Hanna Saliba, ein syrischer Grenzgänger mit Hamburger Schnack.

HAUS DES GASTES

Der Duft strömt durch die Gasse und zieht uns unweigerlich zum Haus von Janette, die mit ihrem Mann Dieb und den beiden Kindern Marlen und Milad im alten Judenviertel von Lattakia lebt. Janette hat ihre berühmten Dattelkekse gebacken, eigentlich ein typisches

Ostergebäck, das man mit Pistazien und Walnüssen füllt. Häufig bereiten die Frauen an Ostern gemeinsam den Teig vor, malen ein paar Muster in die Kekse hinein und bringen sie zum Bäcker. Doch so gut wie Janette macht die Kekse niemand, für Hanna hat sie besonders viele gebacken. Und anlässlich des Besuchs hat sich ein Teil der Familie eingefunden, um Hannas Lieblingsspeisen zuzubereiten: Allerlei gefülltes Gemüse, vor allem Auberginen, Zucchini, Mangold und Weinblätter. „Darin vereinigen sich alle Zutaten des Mittelmeeres," schwärmt Hanna. Jede Stadt, jede Region hat ihre eigene Art, Gemüse zu füllen. In Lattakia sind vegetarische Füllungen beliebt, vor allem bei den Christen. „Diese Tradition kommt aus unserer Fastenzeit, die ja fleischlos ist", erklärt Hanna. „Ohne Fleisch haben die Leute viel stärker ihrer Phantasie freien Lauf gelassen und mit Gewürzen und frischen Kräutern experimentiert. Und das dann mit Fleisch kombiniert: Lammkotelletts mit Thymian, Lammfilet mit Rosmarin, gegrilltes Hähnchenfleisch mit Oregano, einfach wunderbar." Aber Fleisch ist teuer und kommt nur selten auf den Tisch, vegetarische Gerichte, vor allem Hülsenfrüchte, waren und sind also selbstverständlich in der häuslichen syrischen Küche. Als Hanna Saliba vor über zwanzig Jahren sein Restaurant in der Steinstraße in Hamburg eröffnete, hat er genau das angeboten: „Da gab es weder Fisch noch Fleisch. Aber dafür habe ich ihnen auf den Teller gelegt, was jeder Mensch täglich an Kohlenhydrate, Eiweiß und Ballaststoffe benötigt, nur mit Gemüse und Hülsenfrüchte. Wer das aß, brauchte keinen Arzt mehr."

Inzwischen ist auch Josephine, eine weitere Schwester Hannas, und ihre siebenjährige Tochter Maria gekommen. Sie alle füllen nun fleißig die Gemüsesorten, was gut und gerne ein paar Stunden dauern kann. Draußen ist es sehr heiß, die Vorhänge sind zugezogen, Neonlicht erleuchtet den Raum, der Fernseher läuft im Hintergrund ohne Ton – es läuft zufällig eine Kochshow aus dem Libanon –, an der Wand hängt ein großes Jesusbild. Wer sonst an Heiligen auf den anderen Bildern zu sehen ist, weiß keiner. Dieb schaut auf die Bilder und zuckt mit den Schultern: „Keine Ahnung. Aber ich gehe ja auch nie in die Kirche." Und das, obwohl die Auswahl groß wäre: In Lattakia, wo etwa ein Drittel der Bevölkerung Muslime sind, ein Drittel Alawiten und ein Drittel Christen, gibt es jede Menge Kirchen. Allein die griechisch-orthodoxe Gemeinde, die größte der Stadt, zu der auch die Salibas gehören, besitzt 11 Kirchen, die Katholiken drei, dann gibt es noch je eine maronitische, lateinische, protestantische und armenische Kirche. Und außerdem jede Menge Moscheen.

Auf dem Fernseher steht ein Bild von Jesus und Maria, auf dem Tischchen davor ist immer etwas zum Knabbern: Schokolade, Nüsse,

▲ Janette und Hanna Saliba beim Rollen von gefüllten Weinblättern. Ihre Nichte Maria schaut ihnen dabei zu.
▼ Zusammen mit der Schwester Josephine, der Mutter von Maria.

▲ Alte Familienfotos. Nach dem Essen spielte der Vater immer auf der *Oud*.

▶ Hanna vor dem alten Haus der Familie.

türkischer Honig mit Rosenblättern, Marzipan. In einer Ecke, gleich neben dem Sofa, steht eine alte *Oud*, eine Laute. Sie gehörte dem Vater Elias, nach dem Essen spielte er immer darauf, während die Familie andächtig zuhörte. „Wenn mein Vater abends die *Oud* herausholte", erinnert sich Hanna, „wusste ich, dass das Geld wieder alle war. Es gab immer am ersten des Monats die Lohntüte, am dritten war alles weg. Denn unser Vater ließ über den Monat bei den Händlern anschreiben, bezahlte alle Rechnungen sobald es Geld gab, ging noch ein, zwei Mal ins Café und das Geld war alle. Und dann spielte er wieder auf der *Oud*." Der Vater verdiente verhältnismäßig gut, immerhin waren zehn Kinder zu versorgen. Elias war ein Tabakschätzer, er prüfte die Qualität von Tabak und legte den Preis fest. Damit hatte er einen nicht zu unterschätzenden Einfluss – und besondere Freunde, die sich immer mit ihm gut stellen wollten. Denn Tabak aus Lattakia ist bekannt und erzielt auch auf dem Weltmarkt gute Preise. Nach dem Tod seiner ersten Frau Maria, Hannas und Janettes Mutter, hatte der Vater noch einmal geheiratet. „Julia, die Auserwählte, war die schönste Frau von Lattakia", erzählt Hanna, „alle Männer waren hinter ihr her." Julia, inzwischen 77 Jahre alt, sitzt im Sessel und grinst, als sie Hannas Lobeswort hört und sagt: „Genau! Genau so war es, *ya Allah!* Bei Gott!"

Die gefüllten Gemüse köcheln inzwischen vor sich hin und verbreiten einen angenehmen Duft. Als ihre Mutter starb, waren Hanna 17, Janette 15 Jahre alt. Janette hat sich dann um die sechs jüngeren Geschwister gekümmert und natürlich Kochen gelernt. „Meine Schwester", sagt Hanna, „ist unglaublich begabt, alles ist im Geschmack fein ausgewogen." Janette lächelt, geht für ein paar Minuten auf den Balkon und zieht ein paar Mal an ihrer *Argileh*, ihrer Wasserpfeife. Es klingelt und herein kommt Umm Zakariya, die Mutter von Zakariya, die Nachbarin und bringt *Kama*, eine Art Trüffel. Hanna heißt sie herzlich willkommen: „Ja ja, in unserer Familie war immer etwas los. Das hat sich bis heute nicht geändert." Während aufgetischt wird, kommt der Frisör der Familie mit seiner Frau vorbei, um sein neugeborenes Kind zu zeigen. Ein alter Schulfreund, der auf der Straße Hanna aus dem Wohnzimmer lachen hört, kommt herein. Und bleibt natürlich zum Essen. Irgendjemand fragt: „Wo ist eigentlich Marwan?" Da Marwan ein weit verbreiteter Name ist und auch Hannas jüngster Bruder so heißt, fragt ein anderer: „Welcher Marwan?" – „Na, der Ältere!" – „Ach der. Keine Ahnung." Also wird er angerufen und ein Viertelstunde später steht auch Marwan vor der Tür und reißt gleich einen Witz, dafür ist er berühmt, dafür wird er geliebt. Joseph, ein anderer Bruder Hannas, und dessen Frau Lina laufen am Haus vorbei, hören Stimmen – schon gibt es weitere Gäste am Tisch. „*Beitna Midyaaf* nennen wir das", sagt Hanna,

▲ Hanna mit seinem alten Freund Marwan (Marwan dem Älteren). ► Hannas alter Koch Nikola, der in Lattakia ein eigenes Restaurant aufgemacht hat.
▼ Messe in der griechisch-orthodoxen Kirche.

„frei übersetzt: Unser Haus ist für den Gast da, die Tür steht immer offen." Also: *Kaase Latt'iye!* „Ein Glas auf Lattakia", wie sich Salibas untereinander mit Araq, dem Anisschnaps, zuprosten.

JE GRÖSSER DIE FLASCHE, DESTO MEHR VORSPEISEN

Nach dem Essen machen wir an der Corniche einen Verdauungsspaziergang. Die Häuser entlang der palmengesäumten Straße waren einst alle im französischen Kolonialstil gebaut, zahlreiche Restaurants reihten sich aneinander, jedes um die Gunst der zahlreichen Genießer buhlend. Alle lagen sie direkt am Wasser, wie das „Spiro" oder das „Schanaata", das früher ein Theater war und in dem die berühmteste arabische Sängerin aller Zeiten, Umm Kulthum, einmal auftrat. Als Kinder haben Hanna und seine Freunde die Seeigel und Austern von den Felsen gekratzt und sie direkt an die Gäste der Restaurants verkauft. Die Besitzer hatten nichts dagegen, denn die Gäste orderten ja reichlich, vor allem die vielen berühmten Vorspeisen, die *Mazza*, deren Anzahl entsprechend nach der Füllhöhe des Araqs serviert wurde. Bei einem Viertelliter wurden 25, bei einer *Nussiye*, einem halben Liter, 50 Vorspeisen serviert. Dann erst fragten die Kellner nach den Wünschen für eine Hauptspeise, was natürlich überwiegend Fisch war, vor allem Rot- oder Meerbarbe, Seebrasse oder Sardinen. Als Dessert wurden immer Berge von Obst serviert. Eine besondere Spezialität sind bis heute in Zuckerwasser und Nelken eingelegte Kürbisse oder kleine Auberginen, die man auch als Konfitüre isst. Dazu noch eine Wasserpfeife, dann war das Essen an der mondänen Corniche perfekt, man fröhnte dem Müßiggang.

Fisch wird auch heute noch gerne serviert, aber er ist, wie im gesamten Mittelmeer, rar geworden. Und überhaupt: Das Flair von einst, als es Hannas Spielplatz war, ist nicht mehr dasselbe. Durch die Hafenerweiterung Anfang der 1980er Jahre, als man sich wegen des Bürgerkriegs im Libanon nach und nach von dessen Häfen unabhängig machen wollte, ging die mediterrane Atmosphäre verloren. Nur wenige Restaurants sind geblieben, sie alle haben jetzt Blick auf Kräne und Frachter, wo einst die Wellen gegen die Molen schlugen und die Fenster mit einer Salzkruste überzogen. Wo früher der Basketballplatz war, ist heute eine Bank. In der Nähe des Kasinos war das einzige Etablissement der Stadt, jetzt ist dort eine Musterungsschule. Vorbei

▼ Heilige Angelegenheit. Brotbacken bei Aarif Saadiq Samaan. Die beiden Musliminnen Mariam und Hayaat helfen ihm dabei. ► ▲ Nach der Arbeit gönnt sich Aarif ein Zigarette, die er in einen selbst geschnitzten Halter aus Ölbaumholz schiebt. ► ▼ Schleimig, aber lecker: Hanna Musa schwört auf seine Schnecken.

ist es mit der sündigen Meile. „Das war hier früher wie an der Côte d'Azur", erinnert sich Hanna. „Frauen liefen im Minirock herum, Alkohol gab es überall. Die Atmosphäre war insgesamt liberaler und entspannter, auch unter den Muslimen." Doch die Lattakianer sind sich der einstigen Pracht bewusst und belächeln gerne das aus ihrer Sicht verschlafene Flair anderer Orte des Landes: „Geh doch mal nach Deir az-Zor in den Osten. Stockkonservativ dort alles. Selbst in Damaskus: Da gibt es nur wenige Restaurants mit Alkohol, in Lattakia gibt es so gut wie kein Restaurant *ohne* Alkohol." Heute konzentriert sich das Flanieren auf die Corniche im Süden der Stadt, wo die meisten kleinen Cafés illegal sind. Man zapft den Strom an den Straßenlaternen an, indem man Kerben in den Asphalt haut und die Kabel an das Ufer legt. Wenn die Behörden nachfragen, einigt man sich über einen kleinen Obolus. Alte Werbeplakate dienen als Sonnenschutz. Mit Côte d'Azur hat das wenig zu tun, auch wenn sich ein Luxushotel am Rande der Stadt so nennt.

ALTE SCHULFREUNDE, HEILIGES BROT

Wir laufen die Straße hinauf, die direkt zum alten Haus der Salibas führt, vorbei am Falafel-Laden „Burhan Qudsi", wo Hanna als Kind ab und an ausgeholfen hat. In der Nachbarschaft wohnte ein Mädchen, in das er verliebt war. Aber das Mädchen beachetete ihn nicht weiter. Immer wieder treffen wir jemanden, den Hanna von früher kennt. Oder umgekehrt. Zum Beispiel seinen alten Schulfreund Scharif Sahel, ein Nachfahre des muslimischen Propheten, was man an dem Namen Scharif erkennt, der „edel" bedeutet und ein Beiname Muhammads ist: „Aber er trinkt genauso viel Araq wie wir", sagt Hanna und beide lachen. Sadiqni erkennt Hanna nicht sofort, zu lange ist es her, dass sie sich begegneten: „Frage nicht, wer ich bin, mein Freund, grüße mich einfach!", sagt Sadiqni und umarmt seinen alten Schulfreund. Nach ein paar Gläsern Tee mit den Freunden gehen wir weiter. „Früher gab es hier sechs Kinos", erinnert sich Hanna. Das bekannteste war das „Sinema al-Ahram", das „Kino der Pyramiden", doch vor den Toren hängen große Ketten. Auch das „Sinema Dimaschq", das „Damaskus-Kino", auf der gegenüber liegenden Seite ist geschlossen. Ein alter Mann sitzt davor, beide Arme auf einem Gehstock gebeugt, ganz so, als wolle er den Fortlauf der Zeit anhalten und die Tore wieder öffnen. Aber sein Blick folgt zwei jungen Damen in Flip-Flops, knappen Hosen und dunklen Sonnenbrillen. Genau gegenüber hatte Hannas Großvater seinen Kolonialwarenladen, daneben liegen ein paar Cafés, auch von ihnen sind einige geschlossen. Ein Bild kommt in Hanna auf, wie die Herren früher in weißen Anzügen in die Cafés gingen, einen Tee tranken, eine Zigarette rauchten und über das Leben philosophierten.

Kool Kool Habibi! Iss, iss mein Junge! Zeinehs Spezialität: Innereien und Süßspeisen. Und jeder muss probieren.

Heute wird weniger philosophiert, in jedem Café steht ein Fernseher. Aber nicht jeder beachtet ihn, Karten- oder Backgammonspielen ist noch immer sehr beliebt.

Wir steigen ein paar Stufen in einen Keller hinab. Dort hat Aarif Saadiq Samaan seine Backstube. Vor den Gasöfen steht der hagere Simon, wie sein Name übersetzt heißt, etwas wortkarg in einen weißen Kittel geschürzt, tiefe Falten ziehen sich über das Gesicht, auf dessen Nasenspitze eine Lesebrille ruht. Eigentlich ist Simon Goldschmied, aber er konnte es nicht länger ertragen, dass „die anderen" das Brot nicht richtig backen konnten. Also übernahm er das. Allerdings backt er nicht normales Brot, sondern *Qidaase*, heiliges Brot. Seine Kunden bestellen das Brot und bringen es in die Kirche, wo es als Zeichen der Hoffnung für die Seelen der Verstorbenen am Altar gesegnet wird. Anschließend wird es an die Gemeinde verteilt oder wieder mit nach Hause genommen. Ursprünglich besteht der Teig aus Roggenmehl, Hefe und ein bisschen Salz. Simon jedoch fügt ihm noch ein bisschen *Mahlab*, ein Mehl aus den zerstoßenen Kernen der Weichselkirsche, und *Miskeh* bei, das macht das Brot luftig und „es schmeckt natürlich viel besser", wie Simon betont. Das genaue Rezept bleibt aber sein Geheimnis. *Miskeh*, also Mastix, das Harz des Pistazienbaums, ist auch in Syrien eine Rarität, das alleine macht es schon fast zu einem heiligen Gewürz. Die Muslime kennen eine ähnliche Tradition für heiliges Brot: Sie streuen über ihr Fladenbrot kleine schwarze Körner, die sie folgerichtig *Habb al-Barake* nennen, Segenkorn. Bei den orthodoxen Christen – nur bei ihnen ist das heilige Brot ein Brauch – schmücken verschiedene Motive das Brot, die in die Backformen eingelassen sind: Zeichen für Jesus als Sohn Gottes, Engel, die die Unschuld symbolisieren, kleine Dreiecke, die für Märtyrer und Heilige stehen. Auch Christen in Syrien haben für jeden Tag einen Heiligen. An bestimmten Heiligentagen weiht der Bischof besonders viele Sorten Brot. Dann hat Simon auch besonders viel zu tun. Unterstützt wird er von Mariam und Hayaat, einer Alawitin und einer Sunnitin. Auf unsere Frage, wie sie es fänden, christliches Brot zu backen, antworten sie lapidar: „Warum denn nicht? Wir backen doch nur Brot." Simon schmunzelt und steckt sich eine Zigarette an, die er in einen selbst geschnitzten Zigarettenhalter aus Ölbaumholz schiebt.

DIE GUTE SEELE

Mit einem Laib heiligem Brot gerüstet, kommen wir in eine Seitenstraße unweit des Suqs. Als Zeineh die Türe öffnet, gibt es ein großes „*Ahlaaan!*, Willkooommen!" So viele Jahre haben sich Hanna und Zeineh nicht gesehen und mit einem heftigen Schwung stellt sie sich auf die Zehenspitzen und schließt Hanna beherzt in ihre Arme. Früher, als Hanna und ihr Sohn zusammen zur Schule gegangen sind, sagte sie immer: „Heute mache ich ein Lieblingsgericht von Hanna. Bring ihn nach der Schule mit!" Inzwischen ist Zeineh 84 Jahre alt, aber immer noch quietschvergnügt, und Kochen ist noch immer ihre Leidenschaft. Für unseren Besuch in ihrer kleinen Wohnung hat sich die ganze Familie eingefunden. Und, nun ja, die Leibesfülle der Töchter und Enkelkinder zeigt deutlich, dass Mama nicht immer kalorienarm kocht. Zeinehs Spezialität sind Innereien jeglicher Art. Ob Lammhoden – eine von Hannas Lieblingsspeisen –, Nieren, Leber oder Lammhirn, wer sich als syrischer Gourmet versteht, muss alles einmal probiert haben. Da in Syrien Fleisch teuer ist, wird alles verbraucht, was irgendwie essbar ist. Leber wird dabei nicht einfach nur gegrillt, sondern mit frischen Kräutern verfeinert und gut gewürzt, Hirn wird mit Zimt in Mehl gewendet und in *Samne*, arabischer geklärter Butter, gebraten. Eine besondere Spezialität sind Hammelköpfe. Zuvor bringt man die Köpfe, die man beim Schlachter gekauft hat, zum Schmied. Dieser spießt die Köpfe auf langen Stangen auf, hält sie über das starke Feuer und schabt Haut und Haare vom Schädel. Erst dann werden sie für einen kräftigen Sud oder als Basis für eine Sauce eingekocht. Das klingt ungewöhnlich, ähnelt aber der Methode, Knochen mit Gemüse im

Ofen zu rösten, um daraus die Grundlage für einen Fond oder eine Sauce zuzubereiten.

Ich bekenne: Zu meinen Lieblingsgerichten zählen Innereien nicht. Aber mir bleibt nichts anderes übrig als zu probieren. Zeineh reicht mir immer wieder etwas auf den Teller: „*Kool! Kool Habibi!*, Iss, iss, mein Junge!“ Dabei lacht die kleine, runde Dame so charmant, dass ich es nicht über das Herz bringe, das Dagereichte abzulehnen. Zeineh, die aus einem kleinen Dorf im Ansariye-Gebirge in der Nähe von Lattakia stammt und mit ihrem Charme einen 30 Jahre älteren Mann umgarnte, der sie heiratete, hat in ihrem Leben schon für viele Menschen gekocht, als Haushälterin für reiche Familien, aber auch für ältere Menschen; sie betrieb eine Art Essen auf Rädern in syrischem Stil. Als Hanna Saliba sein Restaurant in der Osterstraße eröffnete, bat er Zeineh, nach Hamburg zu kommen, um seinen Gästen die „mütterliche“ Kochkunst vorstellen zu können. Das hat Zeineh auch zwei Wochen lang gemacht. „Kochen? Klar, ich mache doch sonst nichts anderes“. Die Resonanz auf ihre Kochkünste war so groß, dass die Zeitschrift *essen & trinken* ausführlich berichtete, der NDR ein Interview machte und ein Pärchen, das gerade geheiratet hatte, sich exklusiv von ihr bekochen ließ. Zeineh verstand die Welt nicht mehr: „Was wollen die Leute nur alle von mir? Ich koche doch nur!“, sagte sie damals. Heute lachen alle darüber. Und über noch etwas amüsiert man sich. Als Zeineh vom Frankfurter Flughafen mit dem Auto nach Hamburg gebracht wurde, sagte sie nach einer Stunde Fahrt über Fairuz, die berühmte libanesische Sängerin: „Fairuz spinnt doch. Immer singt sie vom Libanon und seiner schönen grünen Landschaft. Aber hier ist doch alles grün!“

Auf dem Weg zurück zu Janette machen wir noch einen kurzen Besuch bei Hanna Musa und seiner Frau Katja Mansur. Auch sie haben eine Spezialität, die – eventuell angeregt von der französischen Mandatszeit – nur unter Christen verbreitet ist. „Muslime ekeln sich davor“, erzählt Musa, reicht uns ein paar seiner schleimigen Tiere und erklärt: „Die kleinen Schnecken, die *Hasuun*, ernten wir im Juli und August. Die großen, die *al-Bizaaq*, kommen im September und Oktober, wenn der erste Regen fällt. Zusammen mit Burghul, Tomaten und einer Taratursauce, also Sesampaste mit viel Petersilie und Zitronensaft, schmecken sie wunderbar!“ Nach der Ernte setzt Musa die Schnecken auf Diät, sie verschließen sich dann und bilden einen Film. So werden die ersten Bitterstoffe entzogen. Nach rund vierzig Tagen gibt man etwas Wasser darüber, um sie wieder zum Leben zu erwecken. Allerdings nur für kurze Zeit, denn danach geht es gleich in den Kochtopf, unter dem Musa die Hitze langsam erhöht, bis die Schnecken rund anderthalb Stunden vor sich hinköcheln. Die

► Auf dem Fischmarkt werden die Häuflein Fische auf dem Boden so lange versteigert, bis alles verkauft ist.
◄ Schmiede sind darauf spezialisiert, Schafsköpfe von Haut und Haaren zu befreien, damit man sie zu einem kräftigen Sud einkochen kann.

al-Bizaaq werden dabei besonders zart. Es gab mal ein Dorf, das al-Bizaaq hieß. Die Bewohner waren es irgendwann leid, so zu heißen und benannten ihr Dorf in Ar-Rauda um. Es nützte aber nichts, in der Umgangssprache heißt das Dorf noch immer „die großen Schnecken". Hanna Musa und Katja reichen die Schnecken aber nur als Vorspeise, als Hauptspeise gibt es *Dscheesch Mehschiye*, Hühnchen gefüllt mit Reis, Lammhack, Pinienkernen, Mandeln, Piment und Zimt. Das Hühnchen wird gekocht, in den Sud kommt der Rest der Füllung rein, was eine köstliche Suppe ergibt. Ich beginne langsam zu begreifen, warum man in Lattakia vielen Menschen ansieht, dass Essen an der syrischen Côte d'Azur eine große Rolle spielt.

SUQ DES MÜSSIGGANGS

Am nächsten Morgen gönnen wir uns ein Frühstück bei Yahya im ar-Raschid-Café. Yahyas Bruder Raschid ist einst mit Hanna nach Hamburg gegangen und lebt noch immer dort. Yahya hat mit den anderen drei Brüdern das Café gegründet, in dem man Lattakias bestes Frühstück genießen kann und zwar auf ganz syrisch: Auf den mit Papierdecken ausgelegten Tischen stapeln sich Gurken, Frühlingszwiebeln, Zitronen, frische Minze, Radieschen, dazu Dattelplätzchen mit *Mahlab*, Kichererbsen mit Bohnen, Oliven-Tomaten-Salat, eingelegtes Gemüse und als Krönung die Spezialität *Fattee*, eingeweichte Kichererbsen und geröstete Fladenbrotstückchen in Sesamsauce mit viel Zitronensaft, Kumin, Knoblauch und Pinienkernen. Das Café lag früher in der Altstadt, es war ein beliebter Treff der Fahrer der Sammeltaxis, die nach Beirut, Amman und Damaskus fuhren. Irgendwann haben die Brüder das Café an die Corniche verlegt und es ist noch immer proppevoll. Über dem Eingang prangt der Segensspruch des Propheten Muhammad. „Bei uns hat es nie eine Rolle gespielt, ob man Christ oder Muslim ist", erzählt Hanna, „wir kennen uns seit Kindheitstagen, wohnten in der gleichen Straße und sind zusammen zur Schule gegangen, haben gemeinsam den Mädchen hinterher geschaut und hatten nur Flausen im Kopf. Wir sind dicke Freunde, das zählt, bis heute." Yahya nickt, und Yahya pflegt die Freundschaft darüber hinaus auf seine Art: Jeden Tag ruft er Hanna einmal kurz in Hamburg an. Jeden Tag.

▼ Der 74-jährige Abu Talal gehört praktisch zum Inventar des ar-Raschid-Cafés, jeden Tag sitzt er hier und spielt Karten.
Und jeden Tag ruft Yahya seinen alten Freund Hanna Saliba in Hamburg an, um sicher zu sein, dass es ihm gut geht. ► ▲
Ein kräftiger Kaffee mit Kardamomgeschmack gehört zu jedem arabischen Café. ► ▼

An einem anderen Tisch sitzt jeden Tag Abu Talal und spielt Karten. Der inzwischen 74-jährige ist hier bei jedem bekannt, erstens, weil er bekennender Homosexueller ist und zweitens früher im Einwohnermeldeamt gearbeitet hat. Er kannte also jeden und jeder kannte ihn, was von Vorteil war. „Ich habe meinen Ausweis in zwei Tagen bekommen statt in zwei Monaten", erzählt Yahya und reicht Abu Talal noch etwas Tee. Gleich hinter Abu Talal hängt ein großes Bild, das den Vater der fünf Brüder zeigt, denen das Café gehört. Das Bild ist schon älter, der Vater trägt noch einen Fes. Gleich daneben läuft ein Fernseher, einer von dreien. In der heißen Asche glüht ein Kännchen, in dem Kaffee mit Kardamom seine dezente Note zu versprühen beginnt, obwohl die Luft von den vielen Wasserpfeifen und Zigaretten arg rauchgeschwängert ist. Einer der Brüder, Faisal der Ingenieur, sitzt in seinem feinen Anzug in einer Ecke, raucht ebenfalls eine Wasserpfeife und beobachtet durch seine dicke Brille die Szenerie. Er ist der einzige, der nicht im Café arbeitet, aber er bekommt eine kleine Marge, das gehört sich so unter Brüdern.

Und wo es etwas zu genießen gibt, ist auch Marwan nicht weit. Marwan? Marwan der Ältere. Der 57-jährige ist ein richtiges „Lattakia-Original": Er ist ein bisschen faul, dafür sehr lebenslustig, erzählt gerne Witze und macht häufig Späße über andere, lacht aber am liebsten über sich selbst und weiß natürlich über alles Bescheid – und ist ein Genießer. Marwan war mal Heizungsbauer, gab nebenbei Kindern Nachhilfe in Mathematik – Hanna sagt: „Er ist ein Genie, das hat er von seinem Vater" – hatte aber eines Tages beschlossen, nicht mehr zu arbeiten. Es genügte ja, wenn seine Frau als Schneiderin arbeiten würde. Am liebsten geht Marwan deshalb in den *Suq as-Sufen*, in den „Suq des Müßiggangs". Dort erzählt man sich die Geschichte der beiden Freunde, die stundenlang im Laden nebeneinander sitzen, Tee trinken und kein Wort miteinander wechseln. Dann klopft es an der Tür und einer der beiden fragt: „Wer wagt es nur, uns zu stören?" Bei Yahya wird niemand gestört. Stundenlang darf man sein Frühstück, seinen Kaffee oder sein *Sahlab*, ein heißes Milchgetränk mit Zimt und Nüssen, genießen, das es immer am Abend gibt. Zeit lassen und Genießen, das ist ganz nach Marwans Geschmack, schließlich ist er ein Lattakia-Original.

TOSKANA OHNE PASTA

Am nächsten Tag machen wir einen Ausflug in den Norden von Lattakia, Richtung Kassab und türkische Grenze. Janette ist besorgt: „Möchtet ihr ein paar Sandwichs mitnehmen, Dattelkekse, etwas *Tabuule* oder doch lieber ein paar eingelegte Auberginen?" Widerstand ist zwecklos. Kulinarisch bestens versorgt fahren wir aber vorher

zum Fischmarkt, auf dem wir Nikola treffen. Nikola war drei Jahre Küchenchef bei Hanna in Hamburg und hat jetzt sein eigenes Fischrestaurant, in Lattakia aufgemacht. Nikola kümmert sich um alles: Er führt den Laden, geht einkaufen und kocht am liebsten selbst. Eine Kombination, die für einen Gastronomen in Syrien selten ist. Aber Hanna hatte es ihm in Hamburg vorgemacht. In seinem Restaurant bedienen sogar junge Damen, was für Syrien nun wirklich außergewöhnlich ist. Selbst bei Hanna in Hamburg wird einem diese Freude nicht zuteil. Und als besondere innovative Maßnahme erließ Nikola sogar ein Rauchverbot. Aber das ging den meisten Gästen dann doch zu weit, vor allem auf die nach dem Essen übliche *Argileh* wollten viele nicht verzichten. Wie überall üblich in öffentlichen Gebäuden in Syrien, hängt auch hier ein Bild des Präsidenten Baschar al-Assad. Aber auch eines von Jesus, allerdings in der Küche.

Auf dem Fischmarkt tummeln sich die Kunden – und die Fische auf dem Boden. Haufenweise liegen sie herum, darauf jeweils ein Zettel mit Namen und Gewicht der Fische, eine kleine Gruppe läuft von Haufen zu Haufen, mittendrin Samir, der die Fische anpreist und an den Meistbietenden verkauft: „Wer möchte die frischen Meerbarben? Wer? Wer bietet?“ – „20 Lira!“ – „20. Das ist nicht genug. Ganz frisch sind sie! Wer bietet mehr als 20? Mehr als 20?“ – „25!“ – „25! Wir sind bei 25! Wer bietet mehr? Wer?“ – „30!“ – „30! Jemand mehr? Mehr als 30? Mehr als 30? Niemand? Okay, nimm du sie für 30! Und hier haben wir …“ So geht das ein paar Stunden, dann ist die Ware verkauft, draußen auf den Pick-Ups das gleiche Schauspiel. „Da hat sich zu früher nichts verändert“, sagt Hanna, „allerdings gibt es Fische, die habe ich noch nie gesehen. Wahrscheinlich kommt das durch die Hochseefischer.“

Die Fahrt in den Norden führt uns zunächst an der Küste entlang, an schroffen Felslandschaften, bevor die Landschaft in waldiges Gebiet übergeht und schließlich in hügelige Regionen mit weit an den Horizont reichenden Zypressenhainen ausläuft. „Das ist doch wie in der Toskana“, ruft Hanna begeistert, „nur ohne Pasta!“ Zwischendurch machen wir an einem der zahlreichen Freiluftständen Halt, die am Straßenrand ihre Hefeteigspezialitäten anbieten, die in einem *Tanuur*, einem Steinofen, der mit Olivenholz befeuert wird, gebacken werden und uns den Proviant von Janette fast vergessen lassen: Wir bestellen *Manaakisch bi-Saatar*, Brotfladen mit Olivenöl und *Saatar*, der beliebten Würzmischung mit viel Thymian, und *Sfiha*, die es in Syrien in vielen verschiedenen Varianten gibt. Eine sehr beliebte Variante ist mit etwas Fleisch, die *Lahm bi-Adschin* genannt wird. Die türkische Pizza Lahmacun erinnert noch an diesen Namen. Oder *Sfiha* mit Mangold, Zwiebeln und Sumak, einem Essigbaumgewürz. Beliebt sind Beläge mit Pinienkernen, Paprika und Granatapfelsirup oder Schafskäse mit Kräutern und Sesam. Wir können uns nicht entscheiden und bestellen kurzerhand von jeder Sorte ein paar für die weitere Fahrt. Außerdem nehmen wir ein paar Gläser Honig von der Pomeranze mit, der hier von besonderer Reinheit ist und als der beste im Nahen Osten gilt. Im Frühjahr ist er reif und meist dreimal so teuer wie anderer Honig. Aber hier im Norden fliegen die Bienen auch auf Thymian, Rosmarin oder andere Zitrusfrüchte. Um die Qualität eines Honigs auszuprobieren, wenden die Syrer einen einfachen Trick an: Man tunkt den Löffel in das Honigglas, zieht daraus einen langen Faden und gießt ihn über ein Schälchen. Reißt der süße Faden auch bei über einem Meter Höhe nicht ab, hat er die Qualitätsprüfung bestanden. Das werden wir am Abend ausprobieren.

Auf dem Weg weiter zum kleinen Städtchen Kassab, etwa 65 Kilometer nördlich von Lattakia entfernt, machen wir einen größeren Bogen und kommen am *Nahr al-Kabir asch-Schimali* vorbei, dem „großen nördlichen Fluss“, wo die Familie Saliba früher gerne gepicknickt hatte. Vor allem dann, wenn Hannas Vater Elias wie jedes Jahr von

► Toskana ohne Pasta im Norden Syriens.

◄ ◄ Überall entlang der Straßen bieten kleine Bäckereien ihre lecker belegten Pizzen an.

◄ ► Die beiden Armenier Jaqueline und Nischan Dersahakian im Garten ihres Hauses bei Kassab.

der Osterprozession nach Jerusalem zurückkehrte. Wenn seine Kinder die mittlere Reife erreicht hatten, durften sie mit auf die Pilgerfahrt. Darauf weist noch heute ein Tatoo auf Hannas Unterarm hin: 1966, das Jahr seiner Pilgerfahrt. Ein Jahr später besetzten die Israelis im Zuge des Sechstage-Krieges Jerusalem, die Pilgerfahrt ist seither nicht mehr möglich. Janette hat Jerusalem deswegen nie gesehen. Aber das Picknick fand dennoch jedes Jahr statt.

Wir nähern uns Kassab, das idyllisch auf 800 Metern Höhe liegt. Im Sommer wird es bevölkert von den Lattakianern und Aleppinern, die der Hitze der Städte entfliehen und vor allem am Wochenende die etwas kühlere Atmosphäre inmitten der für diese Region berühmten Mandelbäume genießen wollen. Wenn die Zeit der grünen Mandeln war, die man gekühlt mit etwas Salz isst, betrachtete Hannas Vater den Mond und dankte Gott, denn dann stand der Frühling vor der Tür. Das Essen der grünen Mandeln wird als eine Art Segnung des neuen Jahres, als Dankbarkeit verstanden. Unweit befinden sich auch die Strände von *Ra'as al-Basit*, in der Nähe der türkischen Grenze. Und über allem thront der *Dschabal al-Aqra* – die Römer nannten ihn Mons Cassius –, auf dem der Legende nach der altsyrische Wetter- und Fruchtbarkeitsgott Baal seinen Sitz haben soll.

Immer häufiger sieht man Schilder in armenischer Sprache. Kassab ist eines der Dörfer, in das viele Armenier nach den Massakern in der Türkei 1918/19 auswanderten. Auch die Familie von Jaqueline und Nischan Dersahakian wurde zwei Mal aus der Türkei bei Liwa im sogenannten Sandschak bis kurz hinter die spätere Grenze vertrieben. Seit dieser Zeit leben sie hier und betreiben auf etwa 25 Hektar ein bisschen Landwirtschaft. Wir halten am Straßenrand, um uns die herrlichen Mandelbäume näher zu betrachten und den Duft einzuatmen. Dabei kommen wir mit Jaqueline und Nischan ins Gespräch. Sie laden uns sogleich ein und erzählen von ihrer Arbeit: Aus Äpfeln machen sie *Malban*, einen gepressten süßen Teig, der auf dem Dach zum Trocknen ausgelegt wird, aus ihren Weintrauben keltern sie ein bisschen Wein für den Eigenbedarf, aus dem Rest der Trauben und aus Lorbeer machen sie einen milden Essig. Aus den Früchten des Essigbaums kochen sie *Dibbes Summaq*, einen Sirup. „Aber," sagt Jaqueline, „diese Arbeit ist wirklich *azaab!* Eine Folter, eine Qual!" Denn die kleinen Beeren werden zunächst zwei Tage in Wasser eingelegt, dann mit den Händen gepresst, was eine langwierige und aufwändige Arbeit ist, und schließlich bis zu einer zähflüssigen Konsistenz eingekocht. „Dafür schmeckt es ausgezeichnet!", schwärmt Nischan und gibt uns einen Löffel zum Verkosten. „Ja, so kommen wir über die Runden," erzählt Jaqueline weiter, „aber unsere Kinder sollen es einfacher haben. Unser Sohn wird Priester, unsere

► Ein Obstbauer in der "Toskana".

▼ Blüten der Weichselkirsche. Bäcker Aarif mischt das Mehl der zerstoßenen Kerne seinem heiligen Brot bei.

◄ ▲ Olivenseife mit Lorbeer aus Kassab, frisch gesiegelt.

◄ ▼ Mutter und Sohn backen am *Tanuur* ihre Pizzen.

Tochter ist Lehrerin in Aleppo." Vielleicht einfacher, denken Hanna und ich, aber leben die beiden Kinder auch so idyllisch, mit Blick auf das Meer? Oder empfinden nur wir diese Idylle? Beim Abschied bekommen wir eine Flasche Wein und Sumaksirup geschenkt und sie winken uns herzlich nach. „Der größte Schatz dieser Region sind wirklich die Menschen", sagt Hanna etwas nachdenklich.

Auf dem Rückweg halten wir bei Munir Darwisch, um ein paar Olivenseifen einzukaufen, die mit etwas Lorbeer versetzt berühmt sind in Kassab. Und Munir kennt sich damit aus, immerhin kocht der 38-jährige seit über 20 Jahren Seife – rund 75 Tonnen im Jahr – und beliefert sogar die Frau des Präsidenten! Er experimentiert immer wieder aufs Neue, mal mit Zitrone, mal mit Lorbeer oder Honig. Seine Spezialität: Seife mit schwarzem Tee, die er viel nach Frankreich verkauft, und *Beylul*, eine Art Lehmseife, bei der er Erde aus der Umgebung von Aleppo beimischt, die von besonders hautverträglicher Qualität sein soll. Hanna erinnert sich, dass seine Großmutter auf Lehmseife von Aleppo schwörte. Die Seife gegen Pickel übrigens verkauft sich sehr gut nach Deutschland.

Zurück in Lattakia hat sich wieder die ganze Familie eingefunden. Auch Marwan – Marwan der Ältere – ist natürlich gekommen. Janette trägt reichlich kalte Vorspeisen auf, *Kibbe*, gefüllte und frittierte Hackfleischbällchen mit Burghul, *Labneh*, einen quarkähnlichen Joghurt, Lammwürste, ein paar eingelegte Auberginen, ein bisschen armenischen *Bastuurma*-Schinken, und einen besonders großen Teller *Surke*, stark gewürzten Schafskäse, den sie direkt vor mir abstellt und mir zulächelt. Janette kennt inzwischen meine Leibspeise. Die Leber stellt sie bei Hanna ab. Und natürlich macht eine große Schüssel *Tabuule* die Runde, der berühmte Petersiliensalat mit viel Zitronensaft und Burghul. Nun wird noch eine Flasche Araq herumgereicht und der kulinarische Abschluss des Tages ist perfekt – *Kaase Latt'iye!* Zum Wohl, auf Lattakia! Und der Faden des Honigs reißt auch bei über einem Meter nicht ab.

Gefüllte Sommerzucchini in Joghurt-Minze-Sauce

Zutaten

1,2 kg hellgrüne Sommerzucchini
250 g Langkornreis
200 g Lammhackfleisch
1 TL Piment, fein gemörsert
1 EL Butterschmalz
Salz

Joghurt-Minze-Sauce
1 EL Maisstärke
1 kg Joghurt
2 mittelgroße Knoblauchzehen, geschält und zerdrückt
1 EL Butterschmalz
2 TL getrocknete Minze
Salz

Zubereitung

Den Stiel- und Blütenansatz der Zucchini knapp abschneiden, mit einem Apfelausstecher oder Ähnlichem sorgfältig aushöhlen, bis eine ca. 5 Millimeter dicke Hülle stehen bleibt. Mit einer Gabel die Schale etwas einritzen. Wenn möglich aus den Stielansätzen kleine Pfropfen zum Verschließen formen. Den Reis waschen, mit Lammhackfleisch, Salz, Piment und Butterschmalz gut vermengen. Die Zucchini zu drei Viertel damit füllen und mit den Pfropfen oder etwas von den Zucchini-Innereien verschließen. Die Zucchini in einem flachen Topf mit großem Durchmesser aneinander legen, mit kochendem, gesalzenem Wasser bedecken und mit einem nicht zu schweren Teller beschwert ca. 30 Minuten köcheln lassen.

Für die Sauce die Maisstärke mit 150 Milliliter kaltem Wasser verrühren. Joghurt in einen Kochtopf geben und unter ständigem Rühren die Stärke zugeben und langsam erhitzen. Etwas salzen. Das Zucchiniwasser abgießen, den Joghurt über die Zucchini gießen und auf kleiner Flamme noch 5 Minuten köcheln lassen.

In einer Pfanne den Knoblauch in Butterschmalz anschwitzen. Die Minze einrühren und über die Joghurtsauce geben. Die Pfanne noch einmal mit etwas Joghurtsauce „ausspülen" und 2–3 Minuten köcheln lassen, eventuell nachsalzen und zurück auf die Joghurtsauce geben. Zucchini mit der Sauce auf Teller verteilen, mit Reis und Fladenbrot servieren.

Das „Ausspülen" der Pfanne ist ein alter syrischer Hausfrauentrick. Die Syrer sagen dazu *Schahiya!* – „Mach es noch leckerer!", weil man wirklich alle Aromen – auch die aus der Pfanne – zusammenbringt.

Gefüllte Mini-Auberginen in Tomatensauce

Zutaten

1 kg Mini-Auberginen

Füllung
250 g Langkornreis
200 g Lammhackfleisch
1 TL Piment, gemörsert
2 EL Butterschmalz
Salz, Pfeffer

Tomatensauce
1 kg Strauchtomaten
2 gehäufte EL Tomatenmark
Thymianblätter
Salz, Pfeffer

Zubereitung

Für die Sauce die Strünke der Tomaten entfernen und an der Unterseite kreuzweise einritzen. Blanchieren, häuten und abkühlen lassen. In feine Würfel schneiden und mit Tomatenmark und Thymianblättern vermischen und abschmecken.

Den Stielansatz der Auberginen abschneiden, mit einem Löffelstiel sorgfältig aushöhlen (mit einem Apfelausstecher besteht die Gefahr, die Schale einzureißen), bis eine ca. 3 Millimeter dicke Hülle stehen bleibt. Alle Zutaten für die Füllung gut vermischen und die Auberginen damit zu drei Viertel füllen. Mit ein wenig der Auberginen-Innereien verschließen. Die Tomatensauce mit Salz und Wasser mischen, die Auberginen damit bedecken und zum Kochen bringen. Mit einem nicht zu schweren Teller beschweren und ca. 30 Minuten köcheln lassen.

Auf 4 Tellern verteilen, mit der Sauce übergießen und mit Fadennudel-Basmatireis (siehe Grundrezept) servieren.

Rotbarschfilet auf Tahinasauce

Zutaten

4 Rotbarschfilets à 180 g

Marinade
3 EL Olivenöl
½ TL Paprikapulver
½ TL Kumin
Saft von ½ Zitrone
1 Knoblauchzehe, geschält und fein gehackt
½ Bund Koriandergrün, fein gehackt
Salz, Pfeffer

Tahinasauce
150 g Zwiebeln, grob gewürfelt
120 g Tomaten, grob gewürfelt
50 g grüne Paprika, grob gewürfelt
2 Knoblauchzehen, geschält und in feine Scheiben geschnitten
Olivenöl
1 getrocknete Chilischote
2 Lorbeerblätter
100 g Tahina (Sesampaste, aus dem orientalischen Lebensmittelladen)
6 EL Zitronensaft

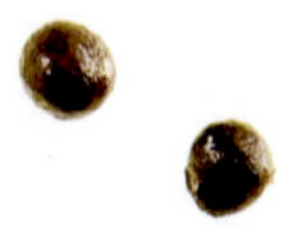

Zubereitung

Alle Zutaten für die Marinade gut miteinander vermischen, die Rotbarschfilets damit bestreichen und ca. 1 Stunde einwirken lassen. Für die Sauce Zwiebeln, Tomaten, Paprika und Knoblauch bei geringer Hitze in etwas Olivenöl anschwitzen. Mit 1 Liter Wasser ablöschen, Chilischote und Lorbeerblätter dazugeben und ca. 40 Minuten kochen lassen. In einen kleineren Topf passieren und auf ca. 300 Milliliter reduzieren. Mit Tahina und 6 Esslöffel Zitronensaft mischen, kräftig aufschlagen und abschmecken.

Die Rotbarschfilets in einer Saftpfanne oder flachen Form für ca. 10 Minuten bei 200 °C im vorgeheizten Backofen garen. Fischfilets auf der Tahinasauce anrichten und mit Koriander-Kartoffeln (siehe Grundrezept) servieren.

Fisch mit Tahinasauce ist *das* Fischgericht der syrischen Küste, für das jeder Lattakianer – also auch Hanna Saliba – alles stehen und liegen lässt … Es muss natürlich kein Rotbarschfilet sein, Tahinasauce schmeckt zu jedem gebratenen oder gebackenen weißen Fisch.

Dorade auf Koriandersauce

Zutaten

4 Doradenfilets à ca. 200 g, mit Haut
2 Knoblauchzehen, geschält und durchgeschnitten
Olivenöl
Salz, Pfeffer

Koriander-Sauce

100 g Zwiebeln, in feine Ringe geschnitten
2 Knoblauchzehen, geschält und in dünne Scheiben geschnitten
1 EL Koriandersamen, frisch zerstoßen
100 g Kartoffeln, geschält und grob gewürfelt
2 Bund Koriandergrün, grob gehackt
4 EL Zitronensaft
Salz, Pfeffer
Olivenöl

Zubereitung

Für die Sauce die Zwiebeln in einem Topf mit etwas Olivenöl glasig anschwitzen. Die Knoblauchzehen mit den Koriandersamen dazugeben, weiter anschwitzen und nach etwa 3 Minuten mit 1 Liter Wasser ablöschen. Kartoffeln und etwas Salz dazugeben und ca. 20 Minuten ohne Deckel kochen lassen. Danach pürieren und durch ein feines Sieb in einen kleinen Topf passieren. Das ergibt ca. 300 Milliliter Brühe. Das Koriandergrün mit dem Zitronensaft und 5 Esslöffel Olivenöl mit dem Pürierstab aufmixen und in die aufgekochte Brühe geben. Gut durchrühren, abschmecken und nicht mehr kochen lassen.

Die Doradenfilets entgräten, salzen und pfeffern und mit den Knoblauchzehen einreiben. Mit sehr wenig Olivenöl zuerst auf der Hautseite anbraten. Nach 3 Minuten wenden und noch einmal 3 Minuten braten. Auf der Koriandersauce anrichten und mit Fadennudel-Basmatireis (siehe Grundrezept) servieren.

Korianderpulver ist ein weit verbreitetes Gewürz in der syrischen Küche, Korianderblätter hingegen nutzen die Syrer selten – bis auf die Damaszener, die das frische Grün sehr schätzen. Muhammad Tamraz, Hanna Salibas ehemaliger Küchenchef in Hamburg, stammt aus Damaskus und hat die Koriandersauce kreiert. Die Dorade auf Koriandersauce ist damit die damaszener Antwort auf die traditionelle Zubereitungsart von Dorade in Lattakia, wo man nicht im Traum auf die Idee käme, frischen Koriander zu verwenden.

Lammzunge unter lauwarmem Fenchelsalat

Zutaten

4 Lammzungen
1 Prise Zimt
1 Lorbeerblatt
4 Kardamomkapseln
2 TL Weißweinessig
1 Schalotte
½ Zimtstange
1½ TL Salz

Fenchelsalat
1 Schalotte, in feine Würfel geschnitten
6 EL Olivenöl
800 g Fenchel, geputzt und in grobe Würfel geschnitten
1 Prise gemahlene Anissamen
½ EL Essig
Granatapfelkerne
1 EL Granatapfelsirup
Salz

Zubereitung

Die Lammzungen ca. 12 Stunden in 3 Liter Wasser legen, aus den übrigen Zutaten einen Sud ansetzen und kurz aufkochen. Die Lammzungen dazugeben und bei sanfter Hitze ca. 45 Minuten köcheln lassen. Vom Herd nehmen, im Sud etwas abkühlen lassen und herausnehmen. Die raue Haut abziehen, in etwa 2 Zentimeter dicke Scheiben schneiden und warm halten.

In einem kleinen Topf Schalotten mit 2 Esslöffel Olivenöl hell anschwitzen. Den Fenchel mit etwas Wasser und Salz dazugeben und ca. 5 Minuten weich dünsten. Anis, restliches Olivenöl und Essig hinzufügen, aber nicht mehr kochen lassen. Den lauwarmen Fenchelsalat beim Anrichten über die Zungen geben. Mit Granatapfelkernen bestreuen und mit Granatapfelsirup beträufeln.

Lammhirn in Butter und Zimt

Zutaten

4 Lammhirne
1 Prise Zimt
1 Lorbeerblatt
1 TL Weißweinessig
1 Schalotte
½ Zimtstange

Mehl zum Wälzen
Zimt
100 g Butterschmalz
Pfeffer aus der Mühle
Salz

Zubereitung

Die Lammhirne ca. 12 Stunden in 2 Liter Wasser wässern (die Haut entfernen). Aus den restlichen Zutaten einen Sud ansetzen. Kurz aufkochen, die Lammhirne dazugeben und bei sanfter Hitze ca. 15 Minuten pochieren. Vom Herd nehmen, im Sud abkühlen lassen, herausnehmen und in etwa 2 Zentimeter dicke Scheiben schneiden. Lammhirnscheiben leicht mit Zimt bestreuen, in Mehl wälzen und im heißen Butterschmalz goldgelb braten. Mit Pfeffer bestreuen.

Lammhoden in Butter und Saliba-Gewürzmischung

Zutaten

4 Lammhoden
1 Prise Zimt
1 Lorbeerblatt
4 Kardamomkapseln
2 TL Weißweinessig
1 Schalotte
½ Zimtstange
1½ TL Salz
Saliba-Gewürzmischung
Mehl zum Wälzen
100 g Butterschmalz
Pfeffer aus der Mühle

Zubereitung

Die Lammhoden ca. 12 Stunden in 2 Liter Wasser wässern, die Haut abziehen. Aus den restlichen Zutaten einen Sud ansetzen. Kurz aufkochen, die Lammhoden dazugeben und bei sanfter Hitze ca. 20 Minuten pochieren. Vom Herd nehmen und im Sud abkühlen lassen. Herausnehmen und in etwa 2 Zentimeter dicke Scheiben schneiden. Lammhodenscheiben leicht mit der Saliba-Gewürzmischung bestreuen, in Mehl wälzen und im heißen Butterschmalz goldgelb braten. Mit Pfeffer bestreuen.

Sfiha & Co | Belegte Hefeteigspezialitäten

Teiggrundlage

Am besten eignet sich dafür dünnes arabisches Fladenbrot aus dem Orientladen.
Etwas Mehl

Beläge

Zutaten

150 g Lammhackfleisch
35 g Tomaten, fein gewürfelt
35 g Zwiebeln, fein gehackt
35 g glatte Petersilie, fein gehackt
½ TL Saliba-Gewürzmischung
¼ TL Tomatenmark
½ TL Salz
Pinienkerne zum Bestreuen, in der Pfanne leicht angeröstet

Zubereitung Alle Zutaten miteinander vermischen.

Zutaten

50 g Zwiebeln, fein gehackt
2 EL Olivenöl
200 g frischer Blattspinat, geputzt und von den Stielen befreit
100 g Schafskäse, zerbröselt
Salz

Zubereitung Zwiebeln in Olivenöl anschwitzen, Spinat hinzufügen und fertig garen. Zur Seite stellen und abkühlen lassen. Anschließend mit dem Schafskäse vermischen. Eventuell noch etwas salzen.

Zutaten

50 g Sesam
60 g Zwiebeln, fein gehackt
1 TL Harissa
2 TL Tomatenmark
1 TL Kumin
½ TL Salz
3 EL Olivenöl

Zubereitung Alle Zutaten miteinander vermischen.

Zutaten

3 EL Olivenöl
2 EL Saatar (Gewürzmischung, siehe Glossar)

Zubereitung Beide Zutaten miteinander vermengen.

Backofen auf 180 °C vorheizen. Aus dem Fladenbrot Kreise von etwa 4 Zentimeter ausstechen und auf ein bemehltes Backblech legen. Abwechselnd mit je 1 Teelöffel der Belag-Variationen belegen. Auf die Lammhackteilchen ca. 4–5 Pinienkerne streuen und mit den Spinat-Schafskäse-Sfiha etwa 3 Minuten backen. Die anderen beiden Variationen benötigen etwa 2 Minuten.

ORONTES

Im Tal des widerspenstigen Flusses
und bei den Erben des Aga Khans

نهر العاصي

Dschizr asch-Schuruur – wenn man ein bisschen Arabisch lernen möchte, sollte man vielleicht nicht mit der Aussprache dieses Namens einer kleinen Stadt beginnen. Das mittlere „r" bei *Schuruur* muss dabei wie ein deutsches „r" ausgesprochen werden, am Ende des Wortes dafür bitte gerollt. Von Lattakia an der Küste aus, über eine kurvenreiche Autofahrt über die Alawiten-Berge, erreichen wir dieses Städtchen, in dem die ländliche Bevölkerung aus den umliegenden Dörfern ihre Produkte verkauft. Und eine Brücke führt über den Fluss, der diesem Tal seinen Namen gab: Orontes. In ihm schwimmt der *Hanklis*, eine sehr fetthaltige Aal-Art, die mit einer Kräutermischung genossen eine Spezialität im Orontes-Tal ist. Doch der Fluss, der in den Gebirgen des Libanons entspringt, ist oftmals nur ein trauriges Rinnsal, der Ertrag an Fischen ist arg überschaubar. Im Frühjahr, wenn die Schneeschmelze auf den bis zu 2.800 Meter hohen Bergen beginnt und noch reichlich Regen aus den Wolken fällt, die der Wind vom Mittelmeer heranträgt und die sich an den Bergen festsetzen, führt der Orontes für ein paar Wochen, manchmal ein paar Monate, ausreichend Wasser. Danach lässt die Sommerhitze ihn wieder fast versiegen, an seiner Mündung im Mittelmeer in der Türkei kommt kaum noch ein Tropfen an. Früher jedoch sorgte er für ein fruchtbares Umland. Weil der Orontes aber durch eine Talsenke fließt und die Felder höher liegen als der Fluss, bauten schon die Aramäer im 1. Jahrtausend vor Christus ein geniales Bewässerungssystem auf: Riesige Schaufelräder aus Holz hoben das Wasser auf die umliegenden Felder. Über Jahrhunderte nutzte man diese Technik und auch heute noch existieren einige Wasserräder, die sich weiterhin drehen. In der mittelsyrischen Stadt Hama haben sich die schönsten Exemplare erhalten. Das Krachen, Knacken und Quietschen der Räder zieht durch die ganze Stadt und die Menschen genießen die durch das Wasser abgekühlte Luft in einem der vielen Restaurants mit einem frischen Saft oder einem opulenten Essen.

MIT LÖFFELN DEN FLUSS UMLEITEN

Und der Orontes hat eine Besonderheit. Die Syrer nennen ihn *Nahr al-Asi*, den Widerspenstigen. Nicht ohne Grund: Er ist der einzige

◄ Schamset al-Chatib in ihrem gemustertem Beduinenkleid und die anderen Damen des Hauses in Salamiye bereiten vergnüglich mit Hanna Saliba den Nachtisch *Sayaale* vor. ►

Fluss im Vorderen Orient, der von Süden nach Norden fließt. Alle anderen Flüsse, auch die mächtigen Euphrat und Tigris, gehorchen der Natur und nehmen den umgekehrten Weg. Der bekannte syrische Schriftsteller Rafik Schami, der seit über dreißig Jahren in Deutschland lebt, hat in einer amüsanten Geschichte beschrieben, was es wohl mit dieser Eigenart des Flusses auf sich hat. Der Orontes nämlich galt demnach als verzaubert, wer dessen Wasser trinke, der werde klug und weise. Die Homsianer allerdings, die Ostfriesen Syriens, durch deren Stadt Homs der Fluss fließt, haben einst mit Zwiebel- und Kartoffelschalen einen Damm bauen wollen – aus den Schalen, die sie auf das Wasser legten, würden Bäume wachsen und deren Stämme den Damm bilden. Außerdem stellten sich die Homsianer in den Fluss und schöpften mit Löffeln das Wasser und schleuderten es gen Süden. Mit dieser Methode wollten sie den Orontes umleiten, um der Welt zu beweisen, dass sie dumm sind, der Fluss also nicht klug machte – sie taten das aber nur, um von ihrer Schläue abzulenken, wegen der sie Generationen lang beneidet und von fremden Königreichen bedrängt wurden. Die Homsianer wollten einfach wieder ihre Ruhe haben. Ihren Ruf als Ostfriesen Syriens sind sie aber nicht losgeworden.

Gleich hinter Dschizr asch-Schuruur öffnet sich die Orontes-Senke, die nördliche Verlängerung des nordafrikanischen Grabenbruchs, der das Jordantal mit dem Toten Meer bildet, sich weiter nördlich durch die fruchtbare Bekaa-Ebene im Libanon zieht und schließlich im Orontes-Tal ausläuft. Hier standen sich vor über 3.000 Jahren die Hethiter und Ägypter gegenüber, keiner konnte die Schlacht bei Kardesch für sich gewinnen, aber sie brachte Tausenden von Kriegern den Tod. Der Grieche Seleukos Nikator, der schon die Städte Lattakia und Antiochia gründen ließ, veranlasste auch hier auf einer Anhöhe, von wo aus man strategisch ideal das Orontes-Tal überblicken konnte, den Bau der Stadt Apameia, die er nach seiner Frau benannte. Immer wieder stößt man auf Siedlungsreste aus allen Epochen der Geschichte, sogar Höhlen, in denen Öfen, Zisternen und Olivenpressen in den Felsen geschlagen sind. Die fruchtbare Ebene zog zu allen Zeiten Siedler an.

Auf unserer Fahrt in Richtung Süden kommen wir an Weizen- und Gerstenfeldern vorbei, an riesigen Hainen von Zitrusfrüchten wie

Orangen und Zitronen, aber auch an Mandel- und Granatapfelbäumen – die Straße, die am oberen Lauf des Orontes entlangführt, nennt man deswegen auch die Granatapfelstraße – und immer wieder an Sträuchern der Weichselkirsche. In der syrischen Küche werden die Kerne (die Früchte sind nicht genießbar) zu einem Pulver, *Mahlab*, gemahlen, das einen süß-sauren, nussigen Geschmack besitzt. Man verwendet es vor allem für Brot und Gebäck jeder Art, die Christen Syriens mischen es gerne dem „heiligen Brot" bei, wie es der Bäcker Simon in Lattakia macht.

Wir halten bei einer jungen Frau, die mit ihrer Gießkanne, die sie aus einer großen Olivenölbox gebastelt hat, die Bäumchen der Weichselkirsche und die Rosensträucher auf ihrem kleinen Feld bewässert. Beides verkauft sie an einen Großhändler in der Stadt. Ein bisschen Salat baut sie auch an, der hier *Chass* genannt wird und von dem mancher Syrer behauptet, er mache dumm. Und das glauben nicht nur Homsianer. „Kein Mensch weiß, woher dieser Aberglaube kommt", sagt Hanna. Ein Lamm folgt ständig einem kleinen Jungen auf Schritt und Tritt. „Was soll ich machen", fragt er lachend. „Die Mutter ist gestorben, jetzt rennt es mir immer hinterher." Die junge Frau bietet uns gleich einen Kaffee an, und Hanna fragt: „Wann blühen Deine Rosen?" Sie sagt: „In der Zeit, wenn wir wieder draußen schlafen können." Außerdem sei es *Ard Baali*, die Erde Baals. Immer wieder fällt der Name des altsyrischen Gottes. Baal, das ist der Wetter- und Fruchtbarkeitsgott, der mit dem rechten Arm eine Keule schwingt und das Donnern ertönen lässt, in der linken Hand einen Blitz hält, den er über die Felder schleudert. 3.000 Jahre alte Keilschrifttexte belegen es, nur Baal kann die Erde fruchtbar machen und ihr Regen und damit Leben schenken: „Ich allein bin es, der herrschen soll über die Götter, dass fett werden sollen Götter und Menschen, dass satt werden sollen die Menschen der Erde!" Im Jahrtausende alten Volksglauben ist dieser Gott noch immer mächtig. Wenn es regnet in Syrien, sagen die Bauern: „Das ist Baal."

ALLE AN EINEM TISCH

Nachdem wir uns unterwegs wieder mit kleinen Pizzen, den *Sfiha*, gestärkt haben, erreichen wir Salamiye, östlich von Hama in Richtung syrischer Steppenwüste gelegen. Wenige Kilometer vor der Einfahrt in das Städtchen thront weithin sichtbar auf einem Vulkankegel inmitten von Weizenfeldern die *Qalaat Schamamis*, die „Festung der Priester". Priester haben hier nie gelebt, der Ursprung des Namens ist genauso unbekannt wie die Gründungsgeschichte der Burg selbst. Sie stammt wahrscheinlich aus dem 12. Jahrhundert, war aber lange Zeit durch die steile Bergkuppe und den harten Basaltstein unein-

► Höhlen, Öfen, Zisternen und Olivenpressen: Siedlungsreste aus allen Epochen der Geschichte zeugen von der Fruchtbarkeit der Orontes-Ebene.
◄ Die gewaltige Abzugsöffnung einer Höhlenküche.

nehmbar, nur ein Erdbeben konnte ihr etwas anhaben, die gewaltigen Außenmauern haben sich aber erhalten.

Am Eingang eines großen Hauses in einer ruhigen Straße empfängt uns Muhammad Arus, der mit seiner Tante und seiner Mutter Umm Ayman aus Lattakia hier einen Teil seiner Familie besucht. Natürlich haben sich auch Freunde eingefunden, neben Dschihad, dem alten Schulfreund von Hanna und einer der bekanntesten Schauspieler Syriens, auch dessen Freundin Maysun, ebenfalls Schauspielerin und Alawitin. Ein Onkel Muhammads hat seine spanische Frau mitgebracht, die kein Wort Englisch oder Arabisch spricht. Aber man kann sich schließlich wortreich mit Händen und Füßen und mit offenen Armen unterhalten. Auch Marwan – Marwan der Ältere – ist natürlich dabei. Muhammads Vater war der erste syrische Medizinstudent, der nach Deutschland kam, das war 1953. Muhammad hat es ihm gleich getan und ist nun Professor der Neurochirurgie in Hamburg. Viele der Einwohner von Salamiye sind Sunniten oder Christen, doch der Großteil sind Ismailiten, so wie die Familie von Muhammad. Ismailiten sind Schiiten, die eine esoterische Lehre entwickelt haben, gegründet auf Elementen der neuplatonischen Philosophie. Ähnlich wie bei den Alawiten haben der Prophet Muhammad und Ali, dessen Schwiegersohn, göttlichen Charakter. Der Koran enthält zudem Geheimbotschaften, die sich nur Eingeweihten erschließen. Mit dieser Interpretation sind sie theologisch weit entfernt vom orthodoxen Islam und werden von den meisten Sunniten nicht als Muslime akzeptiert. Politisch aber traten sie immer wieder in Erscheinung, insbesondere in Ägypten, wo sie mit den Fatimiden das Khalifat stellten und im 11. Jahrhundert in Syrien, wo sich eine Richtung der Ismailiten radikalisierte. Ismail Ibn Dschafar, der siebte und letzte Imam der Siebener-Schiiten, auf den sich die Ismailiten beziehen, soll in Salamiye begraben sein, viele Ismailiten pilgern hierher.

Heute radikalisiert sich niemand mehr von den Ismailiten, im Gegenteil. Ihr jetziger religiöser Führer, Karim Aga Khan IV., einer der reichsten Menschen der Welt und direkter Nachfolger des Propheten Muhammad, zeichnet sich durch sein Engagement in einer Vielzahl von Entwicklungsprogrammen aus, unter anderem in den Bereichen Gesundheit, Bildung und Architektur. Aga Khan hat

► Im Mausoleum von Prinz Ali Aga Khan.

◄ ▲ *Qalaat Schamamis*, die „Festung der Priester" bei Salamiye. ◄ ▼ Alle Religionen an einem Tisch.

einen Teil der Altstadt von Aleppo renovieren lassen. Außerdem setzt er sich für eine bessere Verständigung aller drei monotheistischen Religionen ein. Sein Vater, Prinz Ali Aga Khan, der 1960 bei einem Autounfall ums Leben kam, ist in einem Mausoleum in Salamiye begraben. Doch in Muhammads Familie scheint Religion keine allzu große Rolle zu spielen. Zwar kleidet sich ein Onkel im traditionellen Kopfgewand, der *Kufiye*, und einer Pluderhose, über die er ein Jackett trägt, aber auf religiöses Bewusstsein deutet wenig hin. Man tut sich schwer zu definieren, worin sich die Ismailiten eigentlich von anderen Schiiten unterscheiden. Muhammads Mutter sagt schließlich: „Andere Schiiten sind strenger, wir sind eine offene, liberale Religion. Oder so ähnlich."

Die Familie hat sich im Wohnzimmer versammelt, ein bisschen Gebäck und frischer Tee machen die Runde, Marwan unterhält die Gesellschaft mit ein paar Witzen. In der Küche werkelt vor allem Schamset al-Chatib, eine hervorragende Köchin aus dem Ort und eine gute Freundin der Familie. Schamset kommt ursprünglich aus einem kleinen Dorf unweit von Salamiye und trägt ein buntes Beduinenkleid, das leichte Kopftuch mit Blumenstickereien hat sie locker um ihr dichtes Haar gelegt, eine Tätowierung an ihrer Unterlippe und auf ihren Händen sind für sie Schmuck und Zeichen einer bestimmten Stammeszugehörigkeit. Ihre Augen werden von dunkler Schminke eingerahmt. Beduinen sind davon überzeugt, dass dieses *Kohol*, woraus sich unser Wort Kajal entwickelt hat, die Sehkraft verbessert. Schamset rührt zunächst *Hariise* an, ein Gericht, das an Erntedank gekocht wird und außerdem ein beliebtes Gericht bei den Schiiten ist, vor allem an *Aschuura*, ihrem wichtigsten religiösen Feiertag, an dem sie das Martyrium ihres Imams Hussein gedenken. Denn wie der Prophet Muhammad, so wird überliefert, soll auch sein Schwiegersohn Ali und dessen Söhne Hassan und eben Hussein gerne *Hariise* gegessen haben. Dafür werden stundenlang geschälter Weizen und Hühnerfleisch zu einem zähflüssigen Eintopf gekocht. „Dabei ist es ganz wichtig", erklärt Schamset Hanna, „dass es wirklich nur bei *Naar Chafife* gekocht wird" – auf ganz kleiner Flamme. *Naar Chafife* wird uns auf der Reise immer wieder begegnen. Da Hariise für Schiiten so bedeutend ist, kocht man es am liebsten, wenn Gäste da sind, der Gast wiederum darf sich dadurch geehrt fühlen. „Unser Haus ist ein *Beit Midyaaf*, ein Haus, in dem Gäste immer willkommen sind", sagt Muhammads Mutter Umm Ayman.

Schamset hat inzwischen den Teig für *Sayaale* vorbereitet, Pfannkuchen aus Dinkelmehl. Mit ihren Händen streicht sie den Teig auf das Blech über einer kleinen offenen Flamme, gießt etwas *Samne Baladi*, geklärtes Fett des in Syrien weit verbreiteten Fettschwanzschafes, darauf, streut Walnüsse mit viel Zucker darüber, schichtet mehrere Pfannkuchen übereinander und schneidet es schließlich in kleine Portionen. Leichte Desserts sind etwas anderes. Aber am reich gedeckten Tisch im Garten, wo uns neben *Hariise* und *Sayaale* auch viel gegrilltes Fleisch und Fladenbrot erwartet und an dem Ismailiten, Alawiten, Sunniten und Christen sitzen, kümmert man sich nicht um Kalorien. Wir genießen einfach.

WO DIE OLIVEN GEDEIHEN

Am nächsten Tag machen wir noch einen kleinen Ausflug nach Idlib, Hauptort der gleichnamigen Provinz, zu der auch das fruchtbare Orontes-Tal gehört. Der *Muhaafiz*, der Gouverneur, Dr. Atif an-Naddaf, ein griechisch-orthodoxer Christ, erwartet uns in seinem Büro, wo er auch jeden Tag um 14.30 Uhr Bürger seiner Provinz empfängt, die ihre Anliegen vortragen können – sei es eine Bitte um eine neue Schule oder Straße, oder sei es, dass sie sich beim Gouverneur vergewissern wollen, dass der Beamte in der Amtsstube ihres Dorfes auch in dessen Auftrag handelt und nicht nur keine Lust hat zu arbeiten, wenn er mal wieder irgendein Anliegen ablehnt. Ein Mal im Jahr besucht der Gouverneur alle 142 Bezirke, um kontrollieren zu können, ob seinen Anweisungen auch Folge geleistet wird. Für die Beduinen hat An-Naddaf sich etwas Besonderes einfallen lassen: Eine Schule auf Rädern. „Beduinen tun sich etwas schwer, ihre Kinder in die Schule zu schicken", sagt er. „Doch nun gibt es keine Ausrede mehr, schließlich kommt der Lehrer zu ihnen."

Am Abend nimmt uns an-Naddaf mit zur Familie des Schriftstellers Mahmud Dschamil Hamidan, muslimische Freunde von ihm, die uns eingeladen haben, mit ihnen anlässlich des Fastenmonats Ramadan typische Süßspeisen zu essen. So backt man in der Region Idlib gerne ein Ramadanbrot: Dafür wird ein Teig aus Milch, Mehl und Zucker verrührt, in dem statt Hefe Wasser von eingeweichten Kichererbsen kommt, schließlich streut man noch weiteren Zucker und Sesam darüber. Auch *Knafe*, Hannas Lieblingsdessert aus Teigfäden mit viel Käse, Butter und *Aschta*, feinem Rahm, über das Zuckerwasser gegossen wird, darf auf der reichen Tafel ebenso wenig fehlen wie *Schaibiyaat*, Sahneteigtaschen mit vielen Walnüssen und Pistazien, und *Usch al-Bulbul*, Nachtigallnester, die in ganz Syrien beliebt sind und deswegen so heißen, weil die Teigfäden in kleine runde Formen gedreht werden, in die man Pistazien gibt. Und plötzlich zieht ein

◄ Wo die Oliven gedeihen. Die fruchtbare Ebene des Orontes-Tals. ▲ Der katholische Priester Hanna Jalouf zeigt uns seinen Weinkeller. ► Süßes Fastenbrechen während des Ramadans bei der Familie des Schriftstellers Mahmud Dschamil Hamidan, der gerne ein paar poetische Verse mit viel Theatralik zum Besten gibt. ▼

weiterer angenehmer Duft durch die Wohnung. „Das", sagt Mahmud, „ist *Naba al-Leele*, die Nachtblume. Sie öffnet sich nur nachts und verströmt ihren Duft, der an Jasmin erinnert."

Um uns ein weiteres Mal die Schönheit seiner Provinz zu zeigen, nimmt uns Atif an-Naddaf am nächsten Morgen mit auf eine Anhöhe, von wo aus man einen herrlichen Blick in das Orontes-Tal hat und sich riesige Ölbaumhaine vor uns ausbreiten. Die Gegend zählt zu den wichtigsten Anbauregionen für Oliven in Syrien, rund zwölf Millionen Bäume wachsen hier, landesweit sind es über 30 Millionen. Wie die meisten Menschen der Mittelmeerländer lieben auch Syrer Oliven und wenn der Blick über die vielen Bäume schweift, ahnt man, warum eine arabische Weisheit sagt, der Mittelmeerraum erstrecke sich so weit, wie die Olive gedeihe. Das Olivenöl aus der Region ist von hoher Qualität und wird auch im Ausland sehr geschätzt, vor allem im Libanon und Jordanien. „Unsere Ölbäume werden kaum gespritzt, lieber nimmt man einen Befall hin als den guten Geschmack zu gefährden", sagt an-Naddaf. Vor etwa fünfzig Jahren jedoch gab es eine heftige Kältewelle, bei der über vierzig Tage lang die Temperaturen nicht über die Nullgradgrenze kletterten. Die meisten Ölbäume, viele von ihnen Jahrhunderte alt, sind dabei erfroren und mussten neu gepflanzt werden. Auch der Priester Hanna Jalouf presst sein eigenes Olivenöl, stellt eigenen Käse her – und baut den Weinkeller seines Klosters beim idyllisch gelegenem Dorf Al-Qaniye mit selbst gekeltertem Wein beständig aus. Gäste sind beim katholischen Priester und den drei Nonnen jederzeit willkommen, dann werden die Leckereien besonders gerne aufgetragen. Und auch den Wein, der geschmacklich eher ein bisschen an Sherry erinnert, gibt es nicht nur zur Messe.
Eine andere Spezialität der Region ist die Feige und die Bewohner von Idlib erzählen gerne von einem Feigenbaum, der so groß sei, dass darunter 200 Personen Platz fänden. Vier seiner Früchte ergäben ein Kilogramm. Außerhalb Idlibs nimmt man diese Geschichte schmunzelnd zur Kenntnis, denn gesehen hat diesen Baum noch niemand. Und man stellt sich das Bild vor, wie die Homsianer im Wasser stehen, und mit Löffeln den Orontes umleiten.

Heriise | Geschälter Weizen mit Hühnchen und Rotkohlsalat

Zutaten

3 Hühnerkeulen (ca. 900 g)
1 Zwiebel
4 Lorbeerblätter
1 kleine Zimtstange
20 schwarze Pfefferkörner
1 TL Orangenblütenwasser
500 g Heriise (geschälter Weizen), 12 Stunden in Wasser eingeweicht und abgegossen
Butter
Kumin
50 g Pinienkerne, in etwas Butterschmalz angeröstet
Salz

Rotkohlsalat

400 g Rotkohl
2 EL Weißweinessig
8 EL Olivenöl
2 EL Zucker
Saft von 1 Granatapfel
1 TL Salz

Zubereitung

Für den Salat den Rotkohl vom Strunk befreien und in feine Streifen schneiden. Restliche Zutaten vermengen und über den Kohl gießen. Gut verrühren und durchziehen lassen.

Die Hühnerkeulen mit Zwiebel, Lorbeerblättern, Zimtstange, Pfefferkörnern, Salz und Orangenblütenwasser in 1,5 Liter Wasser ca. 40 Minuten kochen. Mit dem Schaumlöffel immer wieder abschöpfen. Die fertigen Hühnerkeulen von Haut, Fett und Knochen befreien und in kleine Stücke teilen, zur Seite stellen. Die Brühe aufbewahren.

Heriise in ca. 1 Liter der Geflügelbrühe und 2 Teelöffel Salz ca. 20 Minuten auf kleiner Flamme („Naar Chafife!") köcheln lassen. Kurz bevor das Heriise trocken wird, das Hühnerfleisch dazugeben. Mit dem Schaumlöffel kräftig zu einer breiartigen Masse schlagen, eventuell noch etwas von der Geflügelbrühe dazugeben. Butter in einem Topf bräunen. Heriise und Fleisch auf Tellern anrichten, mit Kumin und Pinienkernen bestreuen und mit je 1 Esslöffel Butter übergießen.

Gefüllte Meeräsche

Zutaten

600 g Meeräschen-Filet mit Haut
4 EL Zitronensaft
100 ml Gemüsebrühe
1 Lorbeerblatt
Samen aus 2 Kardamomkapseln, zerstoßen
Olivenöl
Salz

Füllung

50 g Zwiebeln, in feine Würfel geschnitten
1 TL Kumin
1 Prise Zimt
50 g Walnüsse, fein gehackt
½ Bund glatte Petersilie, fein gehackt
½ EL Granatapfelsirup (siehe Glossar)
40 g Granatapfelkerne
3 EL Olivenöl
1 TL Salz

Zubereitung

Alle Zutaten für die Füllung gut vermischen.

Schmale seitliche Schwanzstücke (hintere Enden) der Meeräschen abschneiden und in 4 gleich große Stücke schneiden, mit 2 Esslöffel Zitronensaft beträufeln und salzen. Die Schwanzstücke parieren, in grobe Würfel schneiden, pürieren und unter die Füllung mischen. Eine Hälfte der auf der Hautseite liegenden Filetstücke mit der Füllung belegen, die andere Hälfte darüberklappen. In einer Pfanne die Gemüsebrühe mit restlichem Zitronensaft, Lorbeerblatt und Kardamom erhitzen, die gefüllte Meeräschen hineinlegen, einmal wenden und im auf 200 °C vorgeheizten Backofen zugedeckt 8 Minuten dünsten. Wenden und noch einmal 8 Minuten dünsten.

Die Meeräschenfilets herausnehmen, den Sud durch ein Sieb geben und mit etwas Olivenöl aufschlagen. Auf Tellern anrichten, die Filets darauflegen und mit orientalischem Salat (siehe Grundrezept) und Fladenbrot servieren.

Gefüllter Fisch ist ein beliebtes Gericht an der syrischen Küste. Allerdings beschränkt sich die Füllung meist auf Walnüsse mit pürierter scharfer Paprika. Hanna Saliba hat diese traditionelle Füllung mit Kumin, Granatapfelsirup und Kardamom verfeinert und auf die Schärfe der Paprika verzichtet.

Thunfisch an Tabuule-Salat

Zutaten

Schale von 3 unbehandelten Limetten
Saft von 2 Limetten
Olivenöl
800 g Thunfischsteaks
Mehl
Salz

Tabuule-Salat

1 EL feiner Burghul (siehe Glossar)
350 g glatte Petersilie
100 g Tomaten, fein gewürfelt
40 g Zwiebeln oder Schalotten, sehr fein gewürfelt
½ TL getrocknete Minze
4 EL Zitronensaft
Salz

Zubereitung

Für den Tabuule-Salat den Burghul für 10 Minuten in kaltem Wasser einweichen. Die Petersilie der Länge nach zu einem festen Bündel rollen. Die Stängel großzügig abschneiden, Blätter in feine Streifen schneiden und in eine Schüssel geben. Tomaten und Zwiebeln dazugeben. Burghul gut ausdrücken und untermengen. Mit Salz, Minze und Zitronensaft gut verrühren, ca. 15 Minuten ziehen lassen und abschmecken.

Für den Thunfisch Schale und Saft der Limetten in eine Schale geben, mit 6 Esslöffel Olivenöl und Salz gut vermischen. Die Thunfischsteaks ca. 1 Stunde darin einlegen, dann herausnehmen und in etwas Mehl wälzen. In heißem Olivenöl von beiden Seiten ca. 3 Minuten braten. Mit Tabuule-Salat anrichten.

Tabuule ist im gesamten Vorderen Orient sehr beliebt. Greifen die Deutschen am Nachmittag gerne zu Kaffee und Kuchen, gelüstet es den Syrern zu dieser Zeit eher nach etwas Leichterem. Der Petersiliensalat mit der Frische der Zitrone ist dann genau das Richtige. Am besten genießt man *Tabuule* mit einem Salatblatt als Löffel direkt aus der Schüssel.

Salat von Artischockenböden

Zutaten

25 kleine frische Artischocken
1 EL Zitronensaft
Salz

Dressing
8 EL Olivenöl
2 Knoblauchzehen, gepresst
3 TL getrocknete Minze
3 EL Zitronensaft
50 g Granatapfelkerne
50 g Walnüsse, grob gehackt
Salz

Zubereitung

Stiele, Blätter und Blüte bzw. Heu der Artischocken jeweils entfernen. Die Artischockenböden vierteln und in Salzwasser mit Zitronensaft ca. 20 Minuten weich kochen. 4 Esslöffel Olivenöl in einem Topf erhitzen und darin Knoblauch, Minze, Salz und Zitronensaft verrühren. Die Artischockenböden mit Granatapfelkernen, Walnüssen und dem Minze-Zitronensaft-Dressing gut vermischen. In einer Schale anrichten und mit restlichem Olivenöl übergießen.

Knafe | Teigfäden mit Käse und Butter

Zutaten

500 ml Wasser
250 g Zucker
500 g Kataif-Fäden (Teigfäden aus dem orientalischen Lebensmittelladen)
150 g Butterschmalz
150 g Mozzarella
Pistazien, klein gehackt

Zubereitung

Wasser und Zucker ca. 15 Minuten zusammen kochen und einen Sirup herstellen. Kataif-Fäden auseinander zupfen, auf der Arbeitsfläche oder in einer Schüssel mit dem zerlassenen Butterschmalz vermischen. Mozzarella zu einer homogenen Masse kneten. Die Hälfte der Teigfäden in einer runden Kuchenform ausbreiten, Mozzarella darüber verteilen und mit der anderen Hälfte der Teigfäden bedecken. Im vorgeheizten Backofen bei 200 °C ca. 30 Minuten backen, anschließend für ca. 5 Minuten bei 230 °C Oberhitze bräunen. Herausnehmen und in gewünschter Form portionieren, mit dem Sirup übergießen und mit Pistazien bestreuen.

Knafe ist eigentlich in ganz Syrien sehr verbreitet – das beste *Knafe* aber, davon ist Hanna Saliba überzeugt, gibt es nur in Lattakia, allenfalls noch in anderen Küstenorten, nicht aber im Landesinneren. So mancher Bewohner der Küstenregion verzichtet nur zu gerne auf das herzhafte Abendessen und gönnt sich ausschließlich eine Portion *Knafe*, die man fast ausschließlich in Patisserien isst, die sich darauf spezialisiert haben. Oder man holt es sich nach Hause, vor allem dann, wenn Gäste zu Besuch gekommen sind. Serviert werden üblicherweise Portionen von 200 Gramm, dazu reicht man ein Glas Wasser, das man wegen der Süße auch nicht verschmähen mag.

TAL DER CHRISTEN

Tal der Begegnungen

وادي النصارى

Man kommt ins Grübeln, worum es sich wohl handeln könnte. Hassan zündet sich eine Zigarette an, schaut gelassen auf das Ungetüm und sagt: „Doch, doch, es funktioniert, sogar richtig gut." Auf dem Weg in das kleine Städtchen Safita kommen wir am Al-Basil-Stausee vorbei und machen eine Rast in Hassans kleinem Restaurant. Neben ein paar typischen Vorspeisen und etwas gegrilltem Fleisch serviert der 48-jährige Alawit außerdem eine ganz besondere Spezialität: Seinen selbst gebrannten Anisschnaps, den Araq. Und tatsächlich, aus dem offenbar aus vielen Einzelteilen zusammen geschusterten Ungetüm tropft das Destillat, das Hassan in kleine Flaschen füllt. Etwa sieben Liter kommen aus dem Brennkessel, wenn er 40 Liter Most einfüllt und darauf zwei Liter Anis gibt. Hassan zeigt uns seinen Vorrat, viele bunte Flaschen Hochprozentiges, die Nachfrage ist offenbar groß. „Aber ich verkaufe die Flaschen eigentlich nicht", sagt er, „ich brenne nur für mein Restaurant. Legal ist es zwar nicht, aber es macht trotzdem jeder." Genau darin sieht Hassan auch ein Problem: „Nicht jeder kennt sich aus im Schnapsbrennen. Es gibt immer wieder Todesfälle." Hanna und ich schauen uns an, entschließen uns aber, dem selbsternannten Meister zu vertrauen und kaufen ihm zwei Flaschen ab. Seine Gäste trinken schließlich auch und machen einen fidelen Eindruck.

Der Weg durch das Tal der Christen führt durch satte Wiesen, bunte Obstplantagen und auch die Ölbäume reichen bis an den Horizont. Was uns beiden in dem idyllisch gelegenen Safita sofort auffällt: Es gibt viele schöne Frauen und die meisten von ihnen sind schlank. Das fällt gerade nach Lattakia besonders auf, wo man vor allem den Frauen ansieht, dass Essen sehr beliebt ist. Daraus schließt Hanna: „Die können hier eben nicht besonders gut kochen." Das scheint allerdings nicht für alle Damen von Safita zu gelten. Denn dort treffen wir Umm Bassam, die Frau eines alten Freundes von Hanna. Umm Bassam hat früh von ihrer Mutter kochen gelernt, „Essen spielte in unserer Familie schon immer eine große Rolle. Mein Vater ist ein großer Genießer und Feinschmecker", erzählt sie. Und so verrät sie Hanna ein paar Tricks beim Kochen, es sprudelt aus ihr nur so heraus, alles kann sie ganz akkurat beschreiben, worauf es bei feinsten Geschmacksnuancen ankommt. Das Lieblingsrezept ihres Vaters? Die Spezialität von Safita: *Diik Rumi*, Truthahn auf römische Art, bei dem der Truthahn mit Reis, Kastanien und getrockneten Früchten wie Aprikosen und Pflaumen gefüllt wird und mit viel Basilikum, Piment und Zimt im Ofen bei *Naar Chafife*, sanfter Flamme, gegrillt wird. „Okay", sagt Hanna nach einer Weile lachend, „hier kann man doch kochen."

Wir stehen auf einem kleinen Hügel und betrachten die idyllischen Häuser, die sich die Hänge hochziehen, und sehen jene gewaltigen Mauern des Burgfrieds, der Schutz sein sollte, letzter Rückzugsraum vor den anrückenden Soldaten des Feindes. Hatte man den Feind rechtzeitig erkannt, wurden von der in Sichtweite auf einer Bergkuppe thronenden Burg „Craq des Chevaliers" mit Fackeln Zeichen gesendet, von Safita aus wedelte man mit den Fackeln in Richtung Küste, wo die Verstärkung wartete. Wurden die Lichtzeichen nicht gesehen oder zu spät ausgesendet, dann half oftmals nur noch beten, dass die Mauern hielten. Beide Festungen sind Zeugnisse einer Zeit, in der sich Christen und Muslime mal friedlich, mal feindlich gegenüberstanden.

Jerusalem war durch die arabischen Eroberungen im 7. Jahrhundert fest in muslimischer Hand. Doch christliche Pilger hatten uneingeschränkten Zutritt zu den heiligen Stätten. Als aber auf Befehl des fatimidischen Khalifen al-Hakim vor rund tausend Jahren die Grabeskirsche zerstört wurde und keine hundert Jahre später türkische Seldschuken, die kurz zuvor die byzantinischen Heere in Kleinasien besiegten, Jerusalem eroberten, war dem christlichen Abendland klar, dass es vorbei sein könnte mit der Pilgerfahrt in das Heilige Land. Also machten sich Ritter und ihre Heere, nachdem Papst Urban II. sie dazu aufgerufen hatte, auf gegen die „Ungläubigen", um Jerusalem und die anderen heiligen Stätten Palästinas zu befreien. Eine Mischung aus religiöser Inbrunst und weltlichen Belangen trieb diese Heere an, bedeutende Ritter waren unter ihnen: Gottfried von Bouillon, Robert von Flandern, aber auch Herrscher wie Kaiser Friedrich I. Barbarossa und der englische König Richard I. Löwenherz. Auf muslimischer Seite stellten sich Persönlichkeiten wie Saladin und später Baibars ihnen in den Weg. Was aber folgte, war nicht allein eine kriegerische Zeit von zweihundert Jahren. Die Kreuzzüge waren eine Zeit von Hass und Toleranz, Freundschaft und Fanatismus, großen Schlachten mit vielen Verlusten, aber sehr viel längeren Friedensphasen dazwischen. Die Kreuzfahrer waren eine Minderheit, die nur Teile der eroberten Länder beherrschten, in denen arabische Muslime und arabische Christen lebten. Ohne eine Kooperation mit dem Umland – ob nun mit Christen oder Muslimen – wären die Kreuzritter auf ihren Burgen nicht überlebensfähig gewesen. Und jeder hatte seine eigenen Ziele. Muslime verbanden sich mit Kreuzrittern gegen Muslime und Kreuzritter mit Muslimen gegen Kreuzritter. In der Schlussphase der Kreuzzüge Ende des 13. Jahrhunderts zogen sich die Ritter zurück. Viele aber hatten im Ori-

► „I'm so pretty" steht auf dem Pullover. Wie wahr. Kinder beim Naschen zeigen uns den Weg nach Baqa'u.
◄ ◄ Schutz vor dem Angreifer, die gewaltigen Mauern des Burgrieds in Safita.
◄ ► Umm Bassam hat viele Rezepte auf Lager.

▼ Verträumt beim Rühren. Umm Adnan, die kleine runde vergnügte Mutter von Ahmad, macht vor allem eines gerne: kochen. ► ▲ Umm Adnan kocht mit Hanna Saliba gefüllte Zucchini. ► ► Jung und Alt in der Nachbarschaft. ► ▼ Für Abu Adnan ist gute Nachbarschaft genauso wichtig wie die Religion.

ent eine neue Heimat gefunden. Die Oberherrschaft über Jerusalem blieb bei den Muslimen, das eigentliche Ziel der Kreuzzüge wurde verfehlt. Doch in kultureller Hinsicht wurde durch den Austausch viel gewonnen und auch dem Handel hatten die Eroberungen des Heiligen Landes neue Wege eröffnet.

DER DUFT SYRIENS

Somit blieb das Tal der Christen, in dem sich die meisten Kreuzritterburgen befinden, bis heute ein Teil Syriens mit einem hohen christlichen Bevölkerungsanteil. In vielen Dörfern steht keine einzige Moschee, dafür ragen Kirchtürme in den Himmel. Auch in Safita leben fast nur Christen und Alawiten. Auf dem Weg weiter nördlich in das Dorf Baqa'u, wo wir zusammen mit Ahmad, einem Freund Hannas, dessen Familie besuchen wollen, kommen wir am Ort Dreikiisch vorbei, an dem eine berühmte Quelle entspringt. Auf gleichnamigen Wasserflaschen ist Dreikiisch so transkribiert, dass man daraus „Dreikirchen" lesen kann und man sich fragt, ob Kreuzfahrer aus Südtirol sich hier niedergelassen haben. Allmählich erreichen wir Baqa'u. Viele traditionelle Häuser dieses Tals sind, wie auch in diesem Dorf, aus Bruchstein mit einem aus Lehm abgedichteten Flachdach gebaut, meist lehnen sie an einem Hang. Auf diesem Dach arbeiten meist die Frauen und das Dach hat die Funktion, die in der Ebene bei den Bauernhäusern der offene Hof einnimmt. Die Wände sind sehr dick, so halten sie im Sommer das Haus kühl, im Winter warm. Das Haus der Familie von Ahmad ist modern gebaut, Satellitenschüssel ist selbstverständlich, aber es hängen noch, wie an vielen anderen Häusern auch, ein paar kleine Fähnchen herum. Reste des Frühlingsfestes vor ein paar Tagen, das zu Ehren Baals gefeiert wurde, des altsyrischen Fruchtbarkeits- und Wettergottes. Der Volksglaube ist auch hier noch ausgeprägt.

Hier, im Nordwesten des Landes im Ansariye-Gebirge, haben die Alawiten, die zahlenmäßig die zweitgrößte Religionsgemeinschaft Syriens bilden, ihr traditionelles Siedlungsgebiet. Während der französischen Mandatszeit hatten die Alawiten zwischen 1920 und 1936 sogar einen eigenen Staat mit Lattakia als Hauptstadt. Sie glauben an die Vergöttlichung Alis, des Schwiegersohns des Propheten Muhammad; die Prophetentochter Fatima, Alis Ehefrau, hat eine ähnliche Bedeutung in der Verehrung wie Maria bei den Christen (nur nicht als Mutter Gottes). Zusätzlich mit ihren gnostischen Zügen und ihrem Glauben an Seelenwanderung, entfernen sie sich stark vom orthodoxen Islam, weswegen sie immer wieder Verfolgungen ausgesetzt waren und nur in den abgelegenen Gebirgsregionen überleben konnten. Umm Adnan, der Mutter von Ahmad, ist Religion ziemlich egal. Die kleine runde

vergnügte Frau macht vor allem eines sehr gerne: kochen. Hanna zeigt sie, wie sie eines seiner Lieblingsrezepte – gefüllte Zucchini – und vor allem *M'tabale*, Weizengrütze und Hülsenfrüchte in Joghurt, macht. Obwohl Umm Adnan schon 77 Jahre alt ist, kocht sie noch jeden Tag und es macht ihr noch immer Freude. Azizi, die Nachbarin, die „nur ein paar Jahre jünger ist als ich", wie Umm Adnan betont, kommt aber gerne vorbei und hilft. Außerdem lässt es sich dabei besser tratschen. „Der Weizen", erklärt Umm Adnan, „muss mit einem alten Stein gemahlen, dann gut ausgewaschen und zwei Stunden eingeweicht werden." Mit den über Nacht eingeweichten Kichererbsen kocht sie schließlich die Weizengrütze auf, gibt Joghurt dazu, rührt vorsichtig, rührt ein paar Gewürze ein und lässt es immer wieder aufkochen, bis eine sämige Masse entsteht. Das Ganze, erklärt Umm Adnan, immer bei *Naar Chafife*, bei kleiner Flamme. Natürlich, wie immer. „*Aywa!* So!", ruft sie schließlich, „jetzt abkühlen lassen und dann ist das herrlich erfrischend an heißen Tagen wie heute!" Dann nimmt sie eine der Olivenölflaschen aus dem Regal. Fast alle Bewohner im Ansariye-Gebirge machen ihr eigenes Olivenöl. „Riech mal!" sagt sie zu Hanna. „das ist doch der Duft Syriens. Ein wunderbares Aroma!" Abu Adnan, Ahmads Vater (der „Vater von Adnan" genannt wird, weil Adnan der älteste Bruder ist), sitzt währenddessen auf der Terrasse, wo Weinranken erfrischenden Schatten spenden. 82 Jahre alt ist er und über die Alawiten weiß er: „Es gibt eigentlich keinen Unterschied zwischen Schiiten und Alawiten. Wir Alawiten sind vielleicht ein bisschen liberaler. Und da der Islam die Propheten anerkennt, also auch Abraham, Moses und Jesus, kann man auch die christlichen Feste feiern." Aber sein langes Leben, so Abu Adnan, habe ihn vor allem eines gelehrt: „Mir ist völlig egal, ob mein Nachbar Muslim, Christ oder Jude ist. Hauptsache ich komme mit ihm zurecht. Die Nachbarschaft ist genauso wichtig wie die Religion."

GOTT IST ALLAH

An der Kreuzung auf dem Rückweg in das Tal der Christen gibt es einen Wegweiser nach Antakya. Die Stadt, in der heutigen Türkei gelegen, war einst in der Antike als Antiochia die syrische Hauptstadt. Hier begann die Verbreitung des Christentums in aller Welt. In Antiochia wird die erste Gemeinde begrifflich greifbar, davon berichtet Lukas in seiner Apostelgeschichte, denn der Name „Christen" taucht hier zum ersten Mal auf. Heute leben rund zehn Prozent Christen in Syrien, doch lange Zeit waren sie in der Mehrheit. Als die Muslime im 7. Jahrhundert den Vorderen Orient eroberten und sehr bald ihr erstes Weltreich mit der Hauptstadt Damaskus gründeten, durften Juden und Christen als *Ahl al-Kitab*, als Angehörige einer heiligen Schrift und Anhänger einer monotheistischen Religion ihren Glauben

► Passanten in einer Gasse von Safita.

◄ Eine Steinmühle in einem traditionellen Bauernhaus bei Baqa'u, das aus Bruchstein gebaut ist.

behalten. Muslime sehen den Islam als Nachfolgereligion des Judentums und Christentums, Propheten wie Abraham, Moses und Jesus sind auch Teil der koranischen Überlieferungen. Juden und Christen mussten allerdings eine Kopfsteuer zahlen. Dafür gewährte man ihnen einen gewissen Schutz, der vertraglich durch ein Abkommen *(dhimma)* geregelt war. Mit dieser Kopfsteuer wurde ein Teil des Finanzhaushaltes des Khalifats finanziert, die frühen muslimischen Herrscher strebten also wenig danach, alle zum Islam zu bekehren. Doch immer mehr Christen konvertierten, ihre Zahl nahm langsam, aber kontinuierlich ab. Doch das dauerte. Schätzungsweise erst seit gut 500 Jahren sind Christen und Juden gegenüber den Muslimen in der Minderheit. Die Christen wurden zwar nach und nach arabisiert (Arabisierung heißt nicht: Islamisierung!), doch sie verwendeten noch lange Syrisch, das nicht das heutige Arabisch, sondern ein Teil des Aramäischen war, und Griechisch für ihre Literatur und Liturgie. Und tun es zum Teil noch heute.

DAS WACHSAME AUGE

Rechts auf einer Bergkuppe thront sie wieder, die Kreuzritterburg „Craq des Chevaliers". Und noch immer sind fast nur Kirchen in den Ortschaften zu sehen, so wie in Al-Mizeine, wo wir zusammen mit Hannas Bruder Marwan – nein, dieses Mal nicht der Ältere! – und seiner Frau Gilda deren Mutter Mariette besuchen. Die 63-jährige Mariette stammt ursprünglich aus dem Libanon, wie ein Teil der Familie Salibas, und kam durch ihre Heirat in das Tal der Christen. Und wie sollte es anders sein, wir sind wieder in der Verwandtschaft von Hanna Saliba und damit beim Thema Essen. Leider hat das viele Essen bei Mariette ihre Spuren hinterlassen, ihre Gelenke wollen nicht mehr so recht, das Laufen fällt ihr schwer. Deswegen übernimmt Gildas älteste Schwester, Ibtisam, das Kochen, sie wohnt bei der Mutter und kümmert sich um sie. Aber: Die Regie lässt sich Mariette nicht nehmen! Sie setzt sich auf einen Hocker in die Küche, so kann ihrem wachsamen Auge nichts entgehen: „Nimm ruhig noch einen Schuss mehr Olivenöl.", „Vergiss die Prise Zimt nicht!", „Das kann ruhig ein bisschen schärfer sein!" Ibtisam nimmt die „Anweisungen" geduldig zur Kenntnis und hat doch ihre eigenen Methoden. Und wenn Mariette merkt, dass man sie beobachtet bei ihrem kritischen Blick, lacht sie über das ganze Gesicht.

Zunächst macht Ibtisam *Friike*, geräucherten grünen Weizen, dass ähnlich wie Risotto immer wieder mit Wasser oder Brühe übergossen wird. Man gibt etwas Lammfleisch dazu, viele verschiedene Gewürze und Lorbeerblätter und schließlich geröstete Nüsse. Ibtisam und Mariette wollen uns aber vor allem zeigen, was man alles mit Bohnen machen kann, sie sind in dieser Region beliebt, auch oder gerade weil es „Arme-Leute-Gerichte" sind: Bohnen mit Reis, Bohnen mit Paprika, Minze und Granatapfelsirup oder Bohnen mit viel Knoblauch und kleingeschnittenem Gemüse, die man kalt isst. Schließlich zeigt Ibtisam uns, wie sie Milch zu Joghurt und Käse verarbeitet. Sie setzt die Milch auf und damit die Bakterienkulturen mit ein bisschen Joghurt wachsen können, muss die Milch eine bestimmte Temperatur erreichen. Wie hoch muss diese sein? „Nun", sagt Ibtisam, „so heiß, dass man den kleinen Finger gerade 10 Sekunden eintunken kann." Dann gibt sie zwei Esslöffel Joghurt hinein und rührt ihn wie selbstverständlich in Kreuzesform ein. „Dann wird der Joghurt gesegnet, schließlich ist Joghurtmachen ja ein bisschen wie Zauberei", lächelt Ibtisam. Nach sechs Stunden Ruhezeit in einem Tuch rührt sie den Joghurt in einem Mixer. „Ja, ja", sagt sie fast entschuldigend, „früher haben wir den Joghurt in einem Tongefäß stundenlang geschüttelt. Heute ist es einfacher." Mariette wirft ein: „Aber schau, dass die Gefäße ganz sauber sind, sonst wird das nix!" Aus dieser Masse gewinnen sie Butter und Joghurt, der sich am Boden absetzt. Einen Teil der Butter lassen sie solange aufkochen, bis das Wasser verdampft ist und *Ghee*, geklärte Butter, entstanden ist. Das alles natürlich bei, richtig, *Naar Chafife*, kleiner Flamme. Den Joghurt pressen Ibtisam und Mariette mit Salz und rotem Pfeffer zu Kugeln, lassen ihn einen Tag in der Sonne und zwei Tage im Schatten trocknen und rollen ihn schließlich in *Saatar*, der Gewürzmischung mit viel Thymian. Schon ist der würzige Käse *Surke*, eines meiner Leibgerichte, fertig.

Als Beilage zu den Bohnengerichten macht Ibtisam *Salbin*, ein Gemüse, das in Form und Geschmack an Spargel erinnert. Bei Christen ist *Salbin* vor allem während der fleischlosen Fastenzeit beliebt. Mariette macht ihn auf Zitronenbasis mit Kichererbsen, Zwiebeln und Olivenöl. „Zum Nachtisch gibt es noch leckeres Gebäck", kündigt Mariette an. Sie haben noch ein bisschen aufbewahrt, denn wie immer am Gründonnerstag hatten sie viel zu viel gebacken. Es ist bei den Christen Tradition, an sieben aufeinander folgenden Donnerstagen im März und April eine Art Frühlingsfest zu feiern. Dabei werden Berge von Kuchen und Gebäck auf den Straßen verkauft, Frauen und Mütter backen und tauschen untereinander. Der Höhepunkt ist der Nachmittag des Gründonnerstags, der letzte Donnerstag des Fests, wenn die Frauen auf den Friedhof

◄ Mariette entgeht nichts: Sie selbst kocht nur noch selten, dafür achtet sie umso mehr darauf, dass andere nichts falsch machen und erklärt gerne ihre Klassiker. ► ▲ „Es funktioniert!". Hassan vor seiner Destillationsanlage. ▼ Frische Falafel-Sandwichs in Dreikiisch.

gehen und einen Teil des Gebäcks bei den Toten lassen und einen anderen Teil selbst vertilgen. Der eine Teil der Gabe soll den Toten die Reise ins Jenseits erleichtern, der andere ist ein symbolisches Opfer eines Teils der Ernte an die Toten. Es ist ein weit verbreiteter Glaube, dass die Toten mit den Kräften der Natur in Verbindung stehen und über die Fruchtbarkeit des Bodens wachen. Baal ist zwar mächtig, aber sicher ist sicher.
Bei all den köstlichen Gerichten, die Ibtisam und Mariette schließlich servieren, wissen wir gar nicht, womit wir beginnen sollen. Als wir uns entschieden haben, genießen wir so sehr, dass wir nicht bemerken, dass das wachsame Auge Mariettes dieses Mal auf uns fällt. „Ich möchte nur sichergehen, dass ihr auch alles probiert", lacht sie wieder über das ganze Gesicht.

RELIGIÖSE BEGEGNUNGEN BEI WEIN

Auf dem Weg nach Damaskus kommen wir wenige Kilometer südlich von Homs – der Stadt der syrischen Ostfriesen – zu einem besonderen Ort, nach Al-Ard, was „die Erde" bedeutet. Es ist ein Begegnungszentrum für alle Religionen, an dem eine Schule für Behinderte angegliedert ist. Dessen Gründer Abdalmasih Atil, ein wohlhabender Händler aus Damaskus, hat die Betreuung dem niederländischen Priester Franz van der Lacht übertragen. Er ist bei unserem Besuch mit einer Gruppe von jungen Leuten zu einem Ausflug nach Palmyra gefahren, aber sein Verwalter, der Landwirtschaftsingenieur Murhaf Abid zeigt uns das Gelände. „Wir stehen allen jungen Leuten aus allen Religionen offen, um gemeinsam über wichtige Themen zu diskutieren. Dazu gehören Umweltthemen genauso wie religiöser Dialog", erklärt Abid das Konzept. Symbol dieser Begegnungen ist ein Gebetshaus, das sie *Ma`abad* nennen, Tempel. Das besondere daran: Da auch dieses Gebetshaus für alle gedacht ist, ist es eine Art Tempel mit Kreuzgang ohne Gebetsnische, ohne *Mihrab*. Aber ein *Mihrab* gibt in einer Moschee die Gebetsrichtung nach Mekka an. Und hier? „Nun", sagt Abid, „Gott ist es wichtig, dass man betet. Egal in welche Richtung." Isam Abu Dschanad, ein junger Christ aus Homs, pflichtet Abid, einem Muslim, bei: „Wir stellen immer wieder fest, wie viele Gemeinsamkeiten wir doch haben. Ich beschäftige mich

„Wir stehen allen jungen Leuten aus allen Religionen offen ... Religiöse Völkerverständigung über den gemeinsamen Anbau von Wein – was will man mehr?“

► Hier macht man gerne Rast. Die Restaurants an der Autobahn zwischen Damaskus und Aleppo sind berühmt dafür: Gut gewürztes Lammhackfleisch mit Tomaten und kleine Pizzen frisch aus dem Ofen.

◄ Lukrativer als Obstanbau. Murhaf Abid zeigt Hanna Saliba die Weinberge bei Homs.

gerne mit dem Islam." Um für das Projekt nicht nur von Spenden abhängig zu sein, bauen sie in ihren Gärten Mandeln, Oliven, Obst und sogar Spargel an, das sie selbst verwenden, aber auch verkaufen. Doch das bringt nicht genug Geld ein. Deswegen widmen sie sich nun auch dem Weinanbau. „Das ist deutlich lukrativer", lacht Murhaf Abid. Auch für die Muslime des Zentrums sei das kein Problem, unterstreicht er, „schließlich diene es ja auch der Behindertenschule und damit einem karikativen Zweck." Der Weinanbau stecke zwar noch in den Kinderschuhen, aber sie machen Fortschritte, wie Olivier, der 27-jährige Önologe aus Lyon, erzählt. Die Weintrauben kommen ebenfalls aus Frankreich: Grenache, Merlot, Cabernet Sauvignon und Syrah, woraus sie eine Cuvée herstellen. Außerdem gibt es eine Rebe aus der Region, die schlicht *Baladi*, ländlich, heißt. Verkauft wird der einfache Tischwein an Restaurants in Homs und in die Umgebung. Immerhin: 2006 hatten sie 8.000 Flaschen abgefüllt, 2008 erwarten sie 19.000. „Es ist schon eine Herausforderung, hier einen guten Wein zu produzieren", sagt Olivier, der hier für zwei Jahre mit seiner Frau und seinem kleinen Sohn alles versuchen will. „In der Nachbarschaft, im Libanon, machen sie ja auch hervorragende Rotweine. Vielleicht schaffen wir das hier auch." Nach einer kurzen Pause leuchten Oliviers Augen, als er sagt: „Und selbst wenn nicht: Religiöse Völkerverständigung über den gemeinsamen Anbau von Wein – was will man mehr?"

Wir beherzigen diesen Anspruch auf unsere Art und essen bei einer der Autobahnraststätten ein paar leckere *Sfiha*, Hefeteig-Pizzen, und *Saniye bil-Banaduura*, Lammhackfleisch mit Tomaten und Granatapfelsirup. Das Fleisch wird für jede Portion frisch gehackt, die Gewürzmischung sucht man sich aus, dann wird alles im sehr heißen Ofen zubereitet. Eine Spezialität, für die diese Restaurants berühmt sind. In Damaskus angekommen, fahren wir auf den Berg Qasiyun, schauen über die erleuchtete Stadt in der Nacht und gönnen uns ein paar Gläschen des selbst gebrannten Araqs von Hassan vom al-Basil-Stausee. Am nächsten Morgen wachen wir wieder auf und freuen uns, dass wir noch leben: Hassan versteht also etwas vom Schnapsbrennen. Auch die Kopfschmerzen sind erträglich.

Gefüllte Maispoularde

Zutaten

400 g Langkornreis
2 TL „syrischer" Safran (Kurkuma)
1,4–1,6 kg frische Maispoularde
200 g Lammhackfleisch
100 g Pinienkerne, in einer Pfanne ohne Fett angeröstet
2 EL Orangenblütenwasser
Butter
300 ml Geflügelbrühe
2 EL Butterschmalz
1 TL Piment, fein gemörsert
1 TL Zimt
Salz

Zubereitung

Den Reis mit 600 Milliliter Wasser, 3 Teelöffel Salz und Safran ca. 5–6 Minuten auf kleiner Flamme mit Deckel halb gar kochen. Etwas abkühlen lassen. Die Maispoularde waschen, abtrocknen und innen gründlich salzen. Reis mit Lammhackfleisch, Pinienkernen und Orangenblütenwasser vermengen. Die Poularde innen und zwischen Haut und Bauch mit der Reis-Mischung füllen. Ein Teil bleibt übrig, den man für die Suppe braucht. Etwas Raum lassen, damit der Reis noch quellen kann, mit Zahnstochern oder Nadel und Faden verschließen. Die Keulen und Flügel eng an das Huhn binden.

Die Poularde in einem Topf mit Wasser und 4 Teelöffel Salz bedeckt zum Kochen bringen, öfter abschäumen. Nach 35 Minuten Kochzeit 3 gehäufte Esslöffel von der übrig gebliebenen Reis-Mischung dazugeben und weitere 10 Minuten kochen lassen. Das Huhn herausnehmen, mit Butter bestreichen und leicht salzen. In eine Saftpfanne geben und für ca. 30 Minuten im Backofen bei 250 °C backen, bis die Haut goldbraun ist. Restliche Reis-Mischung mit den 300 Milliliter Geflügelbrühe und 2 Esslöffel Butterschmalz fertig kochen und ruhen lassen.

Maispoularde tranchieren, auf 4 Tellern anrichten und mit dem Reis servieren. Die Brühe mit Salz, Piment, Zimt und etwas Safran abschmecken und als Suppe servieren.

Traditionell essen orthodoxe Christen gefüllte Maispoularde an Ostern, die Suppe genießt man als Vorspeise. Woher diese Tradition stammt, ist nicht sicher. Aber ob die Gans wirklich ihren Ursprung als Weihnachtsbraten der Tatsache verdankt, dass Königin Viktoria 1588 eine Gans serviert bekam, als sie erfuhr, dass ihre englische Flotte über die spanische Armada siegte, ist ja auch nicht geklärt. Zur Tradition ist es dennoch geworden. Für Hanna Saliba gehört gefüllte Maispoularde zu den Lieblingsrezepten, nicht nur an Ostern.

Lammkotelett auf Auberginen-Kichererbsen-Ragout

Zutaten

20 Lammkoteletts, ca. 800 g, pariert, Rippen als Stifte stehen lassen

Würzpaste für Lammkoteletts

2 Thymianzweige, Blättchen abgezupft
1 Rosmarinzweig, Nadeln fein gehackt
1 TL Knoblauch, gepresst
½ TL Harissa
1 EL Zitronensaft
Zesten von ½ unbehandelten Orange
Zesten von ½ unbehandelten Zitrone
1 TL Kumin
1 Prise Zimt
1 Lorbeerblatt, zerstoßen
2 EL Olivenöl
4 EL Joghurt
Salz, Pfeffer

Auberginen-Kichererbsen-Ragout

300 g Auberginen
50 g Schalotten, in feine Würfel geschnitten
400 g Strauchtomaten
350 ml Lammjus (siehe Grundrezept)
1 Thymianzweig
150 g Kichererbsen, vorgekocht
1 Prise Cayenne-Pfeffer
1 Prise Zimt
2 große Basilikumblätter
Olivenöl
Salz, Pfeffer

Zubereitung

Aus den Zutaten eine Würzpaste bereiten, die Koteletts beidseitig damit bestreichen und 2–3 Stunden kalt stellen.

Für das Ragout die Auberginen in ca. 2 Zentimeter große Würfel schneiden, in einer Schüssel mit etwas Salz bestreuen und 30 Minuten ruhen lassen. Schalotten in etwa 3 Esslöffel Olivenöl glasig anschwitzen, Auberginen unterrühren und abgedeckt im auf 200 °C vorgeheizten Backofen ca. 10 Minuten dünsten. Zwei Tomaten beiseite legen, die restlichen Tomaten häuten, entkernen und das Fruchtfleisch in feine Würfel schneiden. Lammjus zum Kochen bringen und die Kichererbsen, Tomatenwürfel, Auberginen und die abgezupften Blätter des Thymianzweiges dazugeben. Auf kleiner Flamme etwa 10 Minuten ziehen lassen und mit Salz, Cayenne-Pfeffer und Zimt würzen. Die beiden Tomaten pürieren, passieren, in das Ragout rühren und noch etwas köcheln lassen. Basilikum-Blätter durchreißen, dazugeben und einmal aufkochen lassen. Vom Herd nehmen und die Basilikumblätter herausfischen.

Lammkoteletts im Olivenöl für 2 Minuten von jeder Seite scharf anbraten und 2 Minuten ruhen lassen. Joghurt gut flüssig rühren, eventuell etwas Wasser hinzugeben. Auberginenragout auf Teller verteilen, Joghurt darum träufeln, Lammkoteletts darauf anrichten.

M'tabale | Joghurt mit Hülsenfrüchten

Zutaten

250 g Weizenkörner
250 g Kichererbsen, 24 Stunden eingeweicht

1,5 l Joghurt (Fettgehalt 3,5 %)
1 Knoblauchzehe, zerdrückt
2 EL Zitronensaft
Kumin
getrocknete Minze
Salz

Zubereitung

Weizenkörner mit Wasser einmal kurz aufkochen, Herd ausschalten und 2 Stunden im Kochwasser einweichen lassen. Die abgegossenen Kichererbsen unter dem Weizen mischen, salzen und ca. 45 Minuten auf kleiner Flamme garen. Danach abgießen. Joghurt mit dem Knoblauch, Zitronensaft und Salz vermengen, Kichererbsen und Weizenkörner dazugeben und verrühren. Mit Kumin oder wahlweise zerriebener Minze abschmecken.

Dieses einfache Gericht ist typisch für die Region des Ansariye-Gebirges und ein Beispiel dafür, wie sehr sich die Bewohner auf das verlassen, was die Natur hervorbringt. Es ist Baal, der altsyrische Wettergott, der seinen Einfluss ausübt und das Schicksal bestimmt (siehe dazu auch S. 68). Traditionell essen Syrer *M'tabale* mit eingelegtem Gemüse, entweder mit Roter Bete, Gurken oder Peperoni. Oder mit allem zusammen.

Ragout von dicken Bohnen mit Safranreis

Zutaten

300 g Zwiebeln, klein geschnitten
5 EL Olivenöl
600 g frische dicke Bohnen, geschält
300 g Langkornreis
½ TL Safran
1 TL Salz
weißer Pfeffer

1 EL Tomatenmark
½ rote Paprika, klein gewürfelt
30 Blätter glatte Petersilie
15 Blätter frische Minze
Kumin
Granatapfelsirup (siehe Glossar)
Salz

Zubereitung

Die Zwiebeln im Olivenöl glasig dünsten, die Bohnen hinzufügen und 2 Minuten mitdünsten. Die Hälfte der Bohnen herausnehmen und beiseitestellen (siehe unten). Die im Topf verbliebenen Bohnen mit 800 Milliliter Wasser und 1 Teelöffel Salz auffüllen und 10 Minuten kochen. Dann den gewaschenen Reis mit Safran dazugeben und weitere 15 Minuten auf ganz kleiner Flamme garen. Mit Salz und Pfeffer würzen.

Für das Ragout die zweite Hälfte der Bohnen mit 400 Milliliter Wasser und 1 Teelöffel Salz ca. 20 Minuten kochen, mit Tomatenmark gut verrühren.

Zum Anrichten den Safranreis in eine Kaffeetasse füllen und auf einen Teller stürzen. Das Ragout um den Reis legen und mit Paprika, Petersilie, Minze und Kumin bestreuen. Granatapfelsirup auf das Ragout tröpfeln.

Gefüllte Artischockenböden mit Tomatensauce

Zutaten

12 große frische Artischocken
5 EL Zitronensaft
2 EL Salz

Füllung
8 Tomaten, blanchiert, gehäutet und in kleine Stücke geschnitten
1½ Bund Basilikum, Blätter in feine Streifen geschnitten
200 g Schafskäse, zerbröselt
Salz, Pfeffer

Tomatensauce
1 Zwiebel, fein gehackt
500 g passierte Tomaten
1 Lorbeerblatt
1 Prise Zimt
1 Prise Piment
Olivenöl
1½ TL Salz

Zubereitung

Artischocken kalt waschen, die Stiele unter der Blüte herausbrechen. Reichlich Wasser mit Salz und Zitronensaft in einen Topf geben. Die Artischocken, die gut mit Wasser bedeckt sein sollen, darin 45 Minuten kochen, abgießen und abkühlen lassen. Anschließend Blätter und Blüte bzw. das Heu entfernen, Artischockenböden freischälen und etwas aushöhlen.

Für die Füllung alle Zutaten miteinander vermengen, aber vom Schafskäse etwas übrig behalten! Mit Salz und Pfeffer abschmecken. Artischockenböden damit füllen und mit Schafskäse bestreuen.

Für die Sauce Zwiebeln mit etwas Olivenöl glasig dünsten. Tomaten, 250 Milliliter Wasser, Lorbeerblatt und die restlichen Gewürze dazugeben. 30 Minuten einkochen und abschmecken.

Sauce in eine Auflaufform gießen, die gefüllten Artischockenböden darauflegen. In den auf 200 °C vorgeheizten Backofen geben und ca. 10 Minuten leicht überbräunen.

EXHIBITION
230
SYRIAN
HANDICRAFT ANTIQUE
231

DAMASKUS

Das Paradies auf Erden

دمشق

Feierliche Stimmung: Zum Fastenbrechen während des Ramadans versammeln sich die Gläubigen im Hof der prächtigen Umayyaden-Moschee.

Die Kinder werden ungeduldig und knabbern schon ein bisschen am Brot. Immer mehr Menschen strömen herein, Männer werden nach rechts geleitet, Familien nach links. Die Einweiser mit ihren blauen Westen bilden Reihen, damit es schneller geht. Kommt jemand alleine, wird er zu anderen gesetzt, immer zu Fünfer-Gruppen. „*Ahlan wa-Sahlan* – Herzlich Willkommen!" spricht Ali Abdallah Ayyub, der Moscheeaufseher im eleganten Anzug, in das Mikrofon, und seine Begrüßung legt sich mit leichtem Hall über den ganzen Hof der prächtigen Umayyaden-Moschee; nur schwach übertönt er das Gerufe der Einweiser, das Geplauder der Erwachsenen, das Geschrei der Kinder. Noch fällt Sonnenlicht in den Hof, aber die Schatten werden immer länger. Und alle warten. Kamal Hawaara, der Koranrezitator, schaut auf die Uhr, noch ein paar Minuten, das *Iftar*, das allabendliche Fastenbrechen, wurde heute für 18.21 Uhr errechnet, das syrische Fernsehen berichtet live. Nicht nur während des Fastenmonats Ramadan steht die Umayyaden-Moschee in Damaskus im Mittelpunkt der Aufmerksamkeit, sie war schon immer Anziehungspunkt tiefer Religiosität. Nach Mekka, Medina und Jerusalem zählt sie zur viertheiligsten Stätte der Muslime.

In Damaskus soll der Legende nach nicht nur Abel von Kain erschlagen worden sein, sich das Grab Mose befinden und der Geburtsort

SAHARA ORIENTALS

◄ ▲ Reißender Absatz in der berühmten Eisdiele „Bakdasch“. ▼ Aufräumen macht müde. Da hat man sich ein Päuschen verdient.
► ▲ Renoviertes Restaurant in einem alten Stadtpalais. ▼ Gasse in der christlichen Altstadt.

Abrahams sein. Auf der „Geraden“ Straße, dem alten römischen *Decumanus*, fiel es Saulus „von seinen Augen wie Schuppen“, und Paulus, wie er sich fortan nannte, wurde zur wichtigsten Person für die Verbreitung des Christentums. In Damaskus entstand im 7. Jahrhundert die Hauptstadt des ersten islamischen Reiches, das der Umayyaden. Symbol dieser Epoche wurde jene Freitagsmoschee, die auf einem bedeutendem Areal gebaut wurde: Hier stand vor Jahrtausenden der aramäische Haddad-Tempel, dann ein griechischer Tempel für Zeus, der bei den Römern Jupiter geweiht war und aus dem die Christen eine für Johannes den Täufer geweihte Basilika machten. Der Islam führte diese Tradition mit dem Bau der Moschee fort, ein grundsätzlich neuer Glaube war der Islam aber nicht. Muhammad steht in einer Reihe der Propheten Abraham (arab. *Ibrahim*), Moses *(Musa)* und Jesus *(Isa)*, aber er ist aus Sicht der Muslime der letzte Prophet und damit der Vollkommene. Und Jesus ist für sie nicht Gottes Sohn. Was sie aber alle vereint: Der Glaube an den einen Gott, den die Araber – Christen wie Muslime – Allah nennen. So verneigen sich Muslime in der Umayyaden-Moschee nicht nur nach Mekka, sie verehren auch das Haupt Johannes des Täufers, das dort in einem Schrein aufbewahrt sein soll. Eines der Minarette ist nach Jesus benannt, der am Tage des Jüngsten Gerichts von dort herabsteigen soll. Christen stehen ebenfalls in der Tradition der antiken Verehrungen, denn ihre Kirchen sind, wie zuvor die antiken Tempel, nach Osten ausgerichtet, denn „ex oriente lux“, aus dem Osten kommt das Licht.

Die wenigsten der hier Versammelten werden von dieser religiösen Geschichte etwas ahnen. Aber sie wissen, dass die Almosensteuer, die *Zakaat*, die zu den fünf Säulen des Islams gehört, für sie eine Armenspeisung während des Ramadans ermöglicht hat. Deswegen sind sie hier und sitzen in Gruppen auf dem Boden, aber auch, um gemeinsam mit anderen das Fasten zu brechen und sich die Tüte zu teilen, in der Reis mit Nüssen, Erbsen und Rosinen, Joghurt und Brot und ein Orangensaft in einem Tetrapak auf die Hungrigen warten. Für jeden gibt es außerdem noch einen Apfel. Es herrscht eine entspannte, ruhige Stimmung. Als Kamal Hawaara zum *Tartil*, dem Gebetsgesang, ansetzt, ist die Sonne untergegangen. Die Menschen reichen sich das Brot, man beginnt langsam zu essen. Manche

machen es wie einst ihr Prophet und gönnen sich zuerst eine Dattel und danken Allah im stillen Gebet. Nach einer halben Stunde ist alles vorbei, die ersten gehen, und kaum einer findet beim Rausgehen den Weg in den Gebetsraum der Moschee. Die Putzkolonne kommt, innerhalb weniger Minuten sind die Tüten und die Reste eingesammelt, und der Marmorboden, in dem sich der zunehmende Mond spiegelt, glänzt, als sei nichts gewesen. Bis morgen Abend, wenn die Menschen wieder um die vielen Tüten herum sitzen und die Kinder ungeduldig am Brot knabbern werden.

SYRER LIEBEN SÜSSES

Damaskus und Aleppo schauen auf eine über 5.000-jährige kontinuierliche Geschichte zurück. Europa hat solche Städte nicht. Und auch im Orient ist das einmalig. Babylon war prächtiger als Aleppo und Damaskus, zumindest der Legende nach. Aber Babylon ist schon lange tot. Man versteht, warum der Prophet Muhammad auf einer seiner vielen Handelsreisen sich weigerte, Damaskus zu betreten. Man könne, so soll er gesagt haben, das Paradies nur ein Mal im Leben betreten. Er entschied sich für das jenseitige. Und wahrlich, als im Jahr 635 die Araber, die bis dahin vor allem die Trockenheit der Wüste kannten, den Vorderen Orient eroberten, musste ihnen Damaskus wie das irdische Paradies vorgekommen sein: Eine große Handelsstadt, die zu Füßen der fruchtbaren Gebirgszüge des Antilibanon liegt, aus dem der Fluss Barada entspringt, die Oase von Damaskus begrünte und die Gärten saftig und bunt sprießen ließ. Heute ist Damaskus vor allem ein Schlemmerparadies.

Im *Suq al-Busuriye*, dem „Kerne- und Samenmarkt", vermischen sich die Düfte von Kardamom, Kumin, Sumak, Zimt oder Nelke mit denen des Parfümhändlers um die Ecke, der alle Wohlgerüche dieser Welt aus seinen Döschen und Pipetten zu zaubern vermag. Von Damaskus aus reisten die Gewürze um die Welt und brachten der Stadt ihren Reichtum. In der Hauptstraße des *Suq al-Hamidiye*, der direkt zur Umayyaden-Moschee führt, liegt die älteste Eisdiele der Stadt. Hier, bei „Bakdasch", schlecken sie alle an dem leckeren Milcheis, ob Groß oder Klein, Damaszener oder Aleppiner, Römer oder Hamburger, der Laden brummt seit 1898, als man noch Eis aus den Bergen holen musste, um das Speiseeis zu kühlen. Und überall stehen die Saftverkäufer herum und bieten Erfrischendes aus Maulbeere, Tamarinde, Erdbeere, Aprikose, Johannisbrot oder Limonen mit viel Zucker vermischt an. Denn die Syrer lieben Süßes jeder Couleur. So sagt man den Damaszenern nach, das beste Gebäck zu machen. Und das darf vor allem an Ramadan nicht fehlen. Fast an jeder Straßenecke findet man eine Patisserie, die ihre *Baraase'*

Im Suq von Damaskus. ◄ ▲ Holzbadelatschen aus echter Handarbeit. ▼ An jeder Ecke von Damaskus gibt es einen Saftverkäufer.

► ▲ Die Syrer lieben Süßes, auch Hanna Saliba.
▼ Süßes ohne frisch geröstete Nüsse ist in Syrien fast undenkbar.

(Sesamkringel) und *Ghreibe* (Butterplätzchen) in üppiger Auslage feilbieten, aber auch *Hariise* (kleine Mandelherzen) oder *Usch al-Bulbul* (Nachtigallnester – mit Pistazien gefüllte Teigkringel). Im Gegensatz zu den Türken ertränken Syrer ihr Naschwerk nicht im Zuckersirup. Man weiß: Je mehr Zuckersirup, desto schlechter die Qualität, gerade dann, wenn die Süßspeisen mit vielen Nüssen gemacht werden. Denn je mehr Zucker der Meister verwendet, umso weniger Nüsse tummeln sich im Gebäck. Die Aleppiner sehen das allerdings nicht ganz so eng, womöglich liegt das an der geografischen Nähe zur Türkei. Sie machen mit Zuckersirup sogar aus Gemüse und Blumen süße Köstlichkeiten wie *Mrabbet Bedendschaan* (Auberginenkonfitüre), *Mrabbet al-Ward* (Rosenblütenkonfitüre, die man mit Rahm isst) oder *Schrab al-Ward* (Rosenblütensirup). Kein Wunder, dass die Syrer hierfür ein passendes Sprichwort bereit halten, wenn die Reste der süßen Sünden noch im Gaumen nachklingen: *Akalt Asaabii'ai* – Ich habe meine Finger gegessen! Selbst die Finger, die nach dem süßen Naschwerk schmeckten, blieben nicht verschont.

Nach dem Besuch der Umayyaden-Moschee entspannen wir im wohl berühmtesten Café der Stadt, dem „al-Noufara", gleich hinter der Moschee in einer Gasse, die zur christlichen Altstadt führt. Nach dem Suq und der Moschee ist das Kaffeehaus der drittwichtigste Ort, zumeist für Männer, zunehmend aber auch für Frauen, vor allem in den Neustädten oder in den ‚hippen' Cafés der Altstadt. Das erste Kaffeehaus überhaupt wurde von zwei Syrern gegründet: Von einem Damaszener und einem Aleppiner im Jahre 1554, in der osmanischen Hauptstadt Istanbul. Von da aus trat das Bohnengetränk seinen Siegeszug in die Welt an. Eng verbunden mit dem Kaffeehaus in den arabischen Ländern ist die Tradition des Geschichten- und Märchenerzählens. Wenn man Glück hat, wie hier im al-Noufara, erlebt man noch einen *Hakawaati*, einen Geschichtenerzähler, wie er jeden Abend, leicht erhöht in einem Sessel sitzend, voller Inbrunst und mit viel Pathos Geschichten von Kalifen und ihren Intrigen, aber natürlich auch von der Liebe vorträgt. Die Zuhörer sitzen ihm gespannt zu Füßen, lauschen seinen Erzählungen genüsslich bei einer Wasserpfeife und einem Glas Tee oder Kaffee. Häufig sind die

Abu Schadi, der letzte Geschichtenerzähler von Damaskus im Café „al-Noufara", verblüfft seine Wasserpfeife rauchenden Zuhörer mit abenteuerlichen Geschichten.

Geschichten bekannt, aber das ist egal, es steigert das Erlebnis sogar, denn jeder weiß, wann man ein zustimmendes „Ja ja, so ist es!" oder ein missbilligendes „Hinfort mit dem Verräter!" oder Ähnliches in die Runde rufen muss. Und sollte mal ein Zuhörer eingenickt sein, so lässt Abu Schadi, der noch einzige Geschichtenerzähler von Damaskus – manche sagen, der letzte überhaupt –, sein Schwert mit einem lauten Krachen auf einen kleinen Tisch heruntersausen, schon ist ihm die Aufmerksamkeit wieder sicher. Doch Abu Schadi ist alt und etwas müde geworden. Er nuschelt zunehmend, die Lücken in den Zahnreihen werden immer größer; vielleicht ist auch deswegen der alte Fernseher gegen einen neuen Flatscreen ausgetauscht worden, der in digitaler Qualität Geschichten erzählen kann. Ahmad, einer der Kellner, sammelt einen Obolus für Abu Schadi ein und schenkt noch ein bisschen Kaffee nach. Ahmad werden wir in Dair az-Zor am Euphrat wiedersehen, wo uns seine Familie eingeladen hat.

SCHAUSPIELERISCHES KOCHEN

Nach der unterhaltsamen Einlage fahren wir in die *Schari'a Bakistaan*, in die Pakistanstraße und treffen dort Dschihad Saad im Restaurant

Als der Prophet Muhammad Damaskus erreichte und vor den Toren der Stadt stand, weigerte er sich, einzutreten. Das Paradies, so soll er gesagt haben, könne man nur einmal im Leben betreten. Er entschied sich für das jenseitige.

„Iskenderun“. In dem wenige Quadratmeter großen Verschlag, der in Sachen Einrichtung seine besten Jahre hinter sich gelassen hat – das einzig Neue ist ein riesiger Coca-Cola-Kühlschrank –, sitzt Abu Wail, der 60-jährige Besitzer. Vor dem Tresen hat er lässig den Arm über den Nachbarstuhl gelehnt und den Schlapphut ins Gesicht gezogen, die Zigarre hängt schräg aus dem Mundwinkel. „Ein bisschen Kuba-Flair muss sein“, sagt Abu Wail mit seiner rauchkratzigen Stimme. Und mit einem grinsenden Blick auf meinen Notizblock ergänzt er: „Schreib nicht zu viel, sonst kommst du noch nach Guantánamo!“ Auch Basams Zigarettenstummel hängt gefährlich schräg aus dem Mundwinkel, während er das Grillfleisch knetet. Basam redet wenig, und wie lange er hier schon arbeitet, weiß er nicht. Auf jeden Fall: „Lange“. Abu Wail hat sein Restaurant vom Großvater geerbt, das „Iskenderun“ ist der Treff der Dichter und Denker, auch Politiker kommen gerne, offenbar ist das abgenutzte Flair des Iskenderuns das passende Pendant zum schnöden Parlamentsalltag. Auch Dschihad ist Stammgast: „Hier treffe ich Kollegen und wir sind unter uns, weil es so klein und familiär ist.“ Der Coca-Cola-Kühlschrank ist auch für ihn neu, vergangene Woche stand er dort noch nicht. Er beglückwünscht Abu Wail zur Neuanschaffung mit einem *Mabruuk*, es sei gesegnet, aber ermahnt: „Ich hoffe aber, dass du nicht noch mehr modernen Schnickschnack anschaffst!“

Da die meisten Gäste nur zum Mittagessen kommen, schließt Abu Wail normalerweise um 20 Uhr. Doch jetzt ist Ramadan, da wird die Nacht zum Tage gemacht. Außerdem haben sich Hanna und Dschihad, die schon zusammen in Lattakia zur Schule gegangen sind, zum Kochen angekündigt, das lässt sich auch Abu Wail nicht entgehen. Dschihad spricht gerne Arabisch, Englisch und Französisch durcheinander und streut dazwischen auch gerne das eine oder andere Wort Deutsch ein. Der 56-jährige ist Kosmopolit und einer der bekanntesten Schauspieler Syriens, und da die syrischen Soap-Operas den ägyptischen in ihrer Popularität langsam den Rang ablaufen, kennt man ihn in der ganzen arabischen Welt, immerhin hat er auch schon in 50 Serien und über 70 Filmen mitgespielt. Läuft man mit ihm durch Damaskus, wird er immer wieder um ein Autogramm oder um ein Foto mit dem Handy gebeten. Demnächst spielt er sogar Kaiser Friedrich II. von Hohenstaufen in einem Kreuzritterfilm. Und

Hanna Saliba gönnt sich ein Schlückchen syrisches Bier in der Kneipe von Ghassan und Mischail Salum. Wieviele Getränke fein säuberlich in das zerfledderte Buch eingetragen wurden, weiß allein Allah. *Saha!* Prost!

Im Restaurant „Iskenderun“. ▲ Der Schauspieler Dschihad Saad verblüfft Hanna Saliba mit einem einfachen, aber leckeren Rezept. ► Bei gutem Essen und mit etwas Araq ist die Stimmung bestens. ▼ Besitzer Abu Wail nimmt eine lässige Pose ein.

in seiner Freizeit? Natürlich! Dann kocht Dschihad leidenschaftlich gerne. „Leider komme ich zu selten dazu“, bedauert er, „Aber wenn, dann tische ich groß auf, am liebsten für meine Freunde.“ Er liebt es, zu variieren und auszuprobieren. „Ich gestehe: Ich habe kein einziges Kochbuch“, lacht er, während er ein schnelles Gericht mit Hanna vorbereitet: Die besten Stücke aus der Lammkeule, die er wie Schnitzel flach klopft, mit frischem Orangensaft beträufelt und in Rotwein und Knoblauch etwas mariniert, und mit Salz und Pfeffer würzt. „C'est tout!“ ruft Dschihad und reicht Basam – dem mit der gefährlich schief hängenden Zigarette im Mund – die Fleischstücke, auf dass er sie kurz und kräftig über der Holzkohle grillen möge. Abu Wail kümmert sich um ein paar Vorspeisen, ein paar Freunde Dschihads trudeln ein, der Araq macht seine Runde, und das Fleisch mundet butterzart.

Als Absacker gönnen wir uns noch ein syrisches Bier in der Kneipe der beiden Brüder Ghassan und Mischail Salum. Ihre Kneipe ist kaum größer als das „Iskenderun“, am meisten Platz nehmen der Kühlschrank und eine Vitrine ein, die unzählige Sorten Whiskey und Bier bereithalten. Ansonsten warten dreieinhalb Holztische mit Plastikstühlen und ein kleiner Tresen auf ihre durstigen Kunden. Die Kneipe liegt im Christenviertel direkt an der *Schari'a Bab Scharqi*, an der Straße des Osttores, dort, wo einst Saulus vom Pferd fiel, als ihm Jesus erschien. Angesichts der reichen Auswahl an Alkoholika mag mancher Besucher auch Erscheinungen haben, aber die beiden Brüder, die sich in der Nacht- und Tagschicht ablösen, nehmen es gelassen. Jedes Getränk wird übrigens in ein völlig zerfleddertes Buch eingetragen. Warum? „Nun“, sagt Mischail, „ein bisschen Überblick kann doch nicht schaden.“ Aha, für den Überblick. Und wie viele Getränke habt ihr inzwischen eingetragen? Mischail zuckt mit den Schultern: „Bei Allah, keine Ahnung! *Saha!* Prost!“

FASTEN? BEI DERKYS JEDER WIE ER MÖCHTE

Am nächsten Tag besuchen wir die Familie Derky, die etwa zwanzig Kilometer außerhalb von Damaskus wohnt, in der Ferne sieht man bei klarer Luft den *Dschabal asch-Schaich*, den 2.800 Meter hohen Hermon-Berg auf den Golan-Höhen, der bis weit in den Frühling hinein schneebedeckt ist. Dort wurde Khair, der Vater von Amer geboren, einem meiner ältesten Freunde in Damaskus. Amer und ich haben zusammen viele Touristen durch sein schönes Land geführt. Amers Mutter, Banan, kommt aus einer wohlhabenden Familie aus Damaskus, zusammen wohnen sie alle in einem großen Haus mit Garten und Swimmingpool. „Wann wollen wir zusammen kochen, sodass wir pünktlich zum Fastenbrechen fertig sind?" frage ich Amer. Er, der viele Jahre in Deutschland gelebt hat und perfekt Deutsch spricht, lacht: „Aber nein, mein Freund. Wir sehen das nicht so eng. Du weißt: Nicht alle, die fasten, sind religiös, und umgekehrt. Viele nutzen – ähnlich wie bei euch in Deutschland – die Fastenzeit zur inneren Reinigung, man konzentriert sich auf die Seele und, wer mag, auf seinen Glauben." Während Dana, Amers Frau, fastet, haben seine Eltern es aufgegeben. „Wir sind zu alt geworden", sagt Banan augenzwinkernd. „Und was ist mit dir, Amer?", fragt Hanna. „Ich glaube an Gott, aber ich bete nicht. Ich faste, aber nur ein bisschen. Weil es mir gut tut." Und Amers Vater fordert uns auf: „Lasst uns also einkaufen gehen!" Denn wenn bei Derkys gekocht wird, sind die Regeln klar verteilt. Abu Yasir, Amers Vater, der nach seinem ältesten Bruder „Vater von Yasir" heißt, geht einkaufen, Banan, die Mutter, kocht. Und Abu Yasir nimmt seine Aufgabe sehr ernst. Beim Fleisch einkaufen zum Beispiel ist er besonders penibel. Obwohl er seinen Metzger Said Suleyman seit über 25 Jahren kennt, sagt er frei heraus: „Kein Metzger ist vertrauenswürdig" und kontrolliert genau, ob dieser auch alles Fett entfernt und die Hoden noch am Fleisch hängen als Zeichen der Qualität, denn nur die männlichen Lämmer schmecken am besten. Said Suleyman weiß das und zuckt nur mit den Schultern: „Na ja, er ist einer meiner besten Kunden." Auch als Said zum Hacken des Fleisches ansetzt, schaut Abu Yasir, der früher Journalist bei der syrischen Nachrichtenagentur SANA war, genau hin und erklärt: „Das Fleisch muss mit dem Messer klein gehackt und nicht durch den Fleischwolf gedreht werden. Dadurch bleibt es saftiger und ist dann ideal für Kibbe." Auch beim Gemüsehändler prüft Abu Yasir genau, riecht am Gemüse, schaut in den Salatkopf, ob sich dort auch kein Ungeziefer verschanzt, dreht die Bananen hin und her, wiegt die Melone in den Händen und klopft sie ab.

„Das ist eine wunderbare Arbeitsteilung" sagt Banan lachend und knetet zusammen mit Dana den Kibbe-Teig kräftig durch. „Er kauft

Bei Familie Derky. ◄ Banan trägt *Kibbe Saniyye* auf. ► Abu Yasir überprüft seine Einkaufsliste und schaut seinem Metzger kritisch über den Tresen. ▼ Amer und seine Frau Dana gießen Saucen über das Gericht.

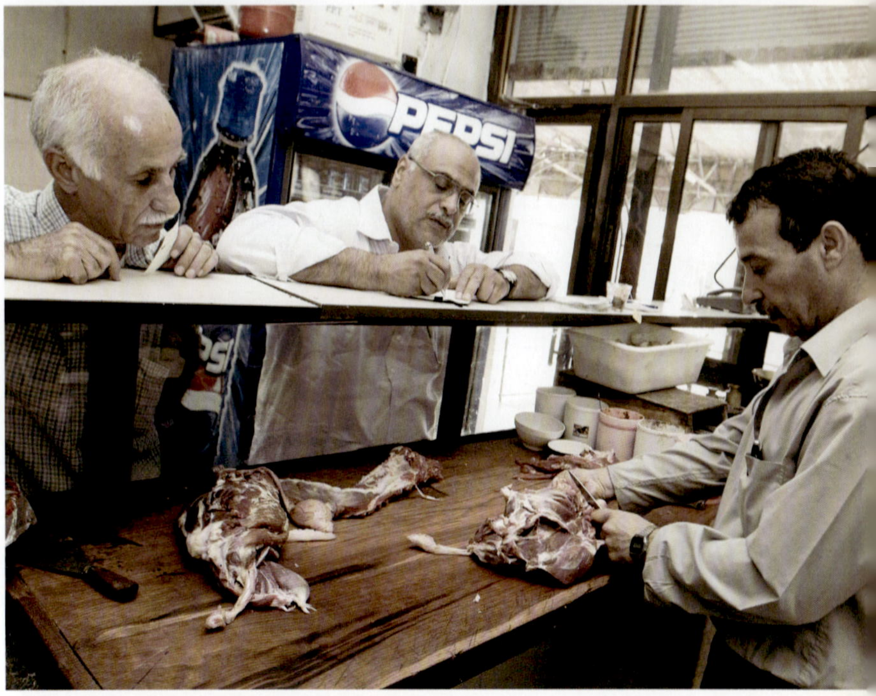

die besten Zutaten, weil er weiß, dass sie bei mir in besten Händen sind.“ Und sie ist überzeugt: „Wir machen die besten *Kibbe aala Usuul*, die richtigen *Kibbe*!“ Sie werden bevorzugt an Festtagen serviert, da sie Freude symbolisieren, bei Muslimen wie bei Christen. Kibbe würde man niemals als Leichenschmaus servieren. Banan macht für uns alle Varianten ihrer *Kibbe*, einen Teil füllt sie mit klein geschnittenen *Bamie*, Okraschoten. Über die anderen gießen Amer und seine Frau Dana warme Joghurtsauce mit viel Estragon und frischem Knoblauch. Wahrlich wieder ein Festschmaus, den wir mit frischen Salaten, *Mutabbal*, Auberginenpüree, und importiertem Amstel-Bier genießen. Schön, dass man es bei der Familie Derky nicht so genau nimmt mit dem Ramadan und wir nicht bis Sonnenuntergang warten müssen.

Am nächsten Tag wiederholt sich das Schauspiel, das sich jeden Tag während des Ramadans beobachten lässt. Langsam füllen sich am Nachmittag die Straßen, jeder wuselt von Geschäft zu Geschäft, um die letzten Besorgungen kurz vor Fastenbrechen erledigt zu haben, ein dichtes Gedränge schiebt sich im Schneckentempo voran. Jeder möchte rechtzeitig bei seiner Familie sein. Und dann, kurz vor Sonnenuntergang: alles scheint wie leergefegt, die Geschäfte sind geschlossen, irgendwo klappert hinter einem Fenster Geschirr, Essensgerüche und Gemurmel ziehen durch die Gassen, ein Saftverkäufer breitet neben seinem Stand eine kleine Decke aus und legt ein paar Speisen, die er sich mitgebracht hat, darauf. Ein leichtes Knacken ertönt aus den Lautsprechern der Umayyaden-Moschee, jemand räuspert sich ganz leise, dann legt er wieder los, der *Muaddhin*, und ruft zum Gebet, zum Fastenbrechen. Nach wenigen Stunden kehrt das Leben wieder in die Gassen zurück, der Saftverkäufer preist seine Ware an: „*Baaarid!* – schööön kalt!“, andere Händler öffnen wieder ihre Geschäfte und bieten Früchte, Nüsse und vor allem ihre Süßigkeiten feil. Die ganze Nacht sind leise Gebetsgesänge zu hören, die sich wie ein zarter Schleier über die Gasse legen. Und schließlich, am frühen Morgen, läuft der *Musahhir* durch die Straßen und weckt mit Trommeln und Rufen die Fastenden, damit sie das *Sahhar*, die „Morgenspeise“, vor Sonnenaufgang und das Morgengebet nicht verpassen. Dann kehrt wieder Ruhe ein und alles wird ganz still.

Muskat-Kürbis mit Kalbsschnitzel

Zutaten

1½ kg Muskat-Kürbis
300 ml Joghurt
½ EL Speisestärke
1 Knoblauchzehe, gepresst
½ EL Zitronensaft
Saliba-Gewürzmischung (siehe Grundrezept)
4 Kalbsschnitzel à 150 g
Butterschmalz
frische Thymianblätter
Pflanzenöl zum Frittieren
Salz

Zubereitung

Kürbis schälen, entkernen und in 3 x 3 Zentimeter Würfel schneiden und etwa 5 Minuten frittieren. Anschließend in 500 Milliliter Wasser zusätzlich etwa 10 Minuten dünsten, dabei darauf achten, dass der Boden des Topfes immer mit Flüssigkeit bedeckt ist. Vorsichtig umrühren. Kürbis aus dem Topf nehmen und den Sud auffangen, es sollte etwa 250 Milliliter Sud übrig bleiben. Joghurt in einem Topf langsam zum Kochen bringen und mit der angerührten Stärke binden. Mit Knoblauch, Salz, Zitronensaft und dem Kürbissud würzen. Kalbsschnitzel mit Butterschmalz und Thymian von beiden Seiten kurz anbraten und mit Salz und der Saliba-Gewürzmischung kräftig würzen.

Kürbis auf einer Platte anrichten und mit der Joghurtsauce übergießen. Die Schnitzel anlegen, das Bratfett vom Fleisch abschütten und über den Kürbis verteilen.

Kürbis in verschiedenen Variationen ist in Syrien weit verbreitet. Die Damaszener essen Kürbis am liebsten gekocht, so wie bei diesem Rezept. Die Lattakianer hingegen sind keine großen Freunde davon und genießen Kürbis lieber kandiert als feine Süßspeise.

Maispoularden-Schawarma

Zutaten

4 Filets von der Maispoulardenbrust ohne Haut (ca. 720–800 g), geputzt und in kleine Stücke geschnitten

Gewürzpaste

5 Kardamomkapseln, leicht angedrückt
1 TL Kardamomsamen, im Mörser zerstoßen
1 EL getrocknete Minze
3 Nelken
1 Prise Zimt
½ TL getrockneter Thymian
1 TL Knoblauchpüree
½ EL Tomatenmark
½ TL Harissa
1 Lorbeerblatt, zerstoßen
1 EL Olivenöl
½ EL Salz

Zubereitung

Zutaten für die Gewürzpaste gut vermischen, Maispoulardenstücke damit verrühren und 12–24 Stunden kalt stellen. In einer Pfanne oder auf einem Grill unter Wenden ca. 3 Minuten braten. Mit Hummus, geröstetem arabischen Fladenbrot und orientalischem Salat (siehe Grundrezepte) servieren.

Schawarma ist die etwas schwieriger auszusprechende arabische Variante des türkischen Döner-Kebabs – es gilt, das „r" schön zu rollen. *Schawarrrma*fleisch wird allerdings ohne viel Drumherum in dünnes Fladenbrot gerollt und als i-Tüpfelchen mit einem Klecks Knoblauchsauce bekrönt. Außerdem wird es anders, nämlich feiner hergestellt. Anstelle von Hackfleisch, das oftmals beim Dönerspieß zu einem Ballen gepresst wird, werden beim *Schawarma* ganze Fleischstücke vom Lamm oder Huhn in verschiedenen Gewürzen und in Milch mariniert und schließlich übereinander gestapelt.

Falafel | Kichererbsenbällchen an zwei Saucen

Zutaten

Falafel

500 g Kichererbsen, 24 Stunden einweichen und abtropfen lassen
1 Zwiebel, grob gehackt
1 TL Koriander, im Mörser zerstoßen
3 TL Kumin
3 TL Salz
6 Knoblauchzehen, gepresst
3 TL Saliba-Gewürzmischung (siehe Grundrezept)
1 TL Paprikapulver
1 TL Natron
150 ml Wasser

Pflanzenöl zum Frittieren
Sesam

Harissasauce

1 EL Harissa
½ TL Kumin
50 ml Olivenöl
5 EL Tomatenmark
1 EL Granatapfelsirup (siehe Glossar)
1 TL Salz

Tahinasauce

300 g Joghurt
100 g Tahina (Sesampaste aus dem Orientladen)
1 EL Zitrone
1 TL Salz

Zubereitung

Für die beiden Saucen jeweils alle Zutaten miteinander vermischen.

Kichererbsen und Zwiebel durch den Fleischwolf drehen oder in einer Küchenmaschine fein hacken. Restliche Gewürze und 150 Milliliter Wasser hinzufügen, gut verkneten und 30 Minuten ruhen lassen. Pflanzenöl auf 180 °C erhitzen. Mit 2 Löffeln Nocken oder Bällchen formen, dabei die Löffel immer wieder in Wasser tauchen. In Sesam wälzen und vorsichtig in das heiße Fett schieben. Ca. 1–2 Minuten frittieren. Dazu passt orientalischer Salat (siehe Grundrezept).

Mutabbal | Auberginenpüree mit Tahina

Zutaten

3 mittelgroße Auberginen
1 Knoblauchzehe, zerdrückt
Saft von ½ Zitrone
3 EL Tahina (Sesampaste aus dem orientalischen Lebensmittelladen)
1 EL Olivenöl
Salz

Kumin und Radieschenscheiben zum Garnieren

Zubereitung

Die Auberginen mit einer Gabel rundum einstechen und etwa 20 Minuten in dem auf 250 °C vorgeheizten Backofen backen, bis sie weich sind und die Schale etwas geschwärzt ist (der Rauchgeschmack zieht in das Auberginenfleisch). Abkühlen lassen. Auberginen der Länge nach durchschneiden, das Fruchtfleisch auslösen und mit Knoblauch, Zitronensaft, Tahina und Salz nicht zu fein pürieren. Mutabbal auf Tellern anrichten, mit Olivenöl beträufeln und mit einer Prise Kumin und Radieschenscheiben dekorieren.

Frittierte Auberginen mit Schafskäse

Zutaten

3 große Auberginen
100 g glatte Petersilie, in Streifen geschnitten
200 g Schafskäse, in 1 Zentimeter kleine Würfel geschnitten
1 EL Harissa
1 EL Tomatenmark
Saft von 1 Zitrone
1 EL Olivenöl
Pflanzenöl zum Frittieren
Salz

Zubereitung

Auberginen in 1 Zentimeter dicke Scheiben schneiden und für 30 Minuten in Salzwasser legen, abgießen und trocken tupfen. Bei etwa 180 °C hellbraun frittieren, auf Küchenpapier abtropfen, abkühlen lassen und auf einer Platte anrichten. Petersilie darüberstreuen, Schafskäse in die Mitte der Auberginen häufen. Restliche Zutaten mit etwas Salz für die Sauce verrühren und über den Käse träufeln.

Rotbarbe an Linsen-Zwiebel-Burghul

Zutaten

4 Rotbarben à 400 g
2 Knoblauchzehen
Olivenöl
4 Strauchtomaten, in dicke Scheiben geschnitten
Mehl zum Wälzen
Salz

75 g Berglinsen
300 ml Olivenöl
150 g Schalotten, in ca. 1 mm gleichmäßig dünne Ringe geschnitten
250 g grober Burghul (siehe Glossar)

Zubereitung

Linsen mit 500 Milliliter Wasser und eine Prise Salz einmal aufkochen, danach für ca. 30 Minuten nur noch köcheln lassen. Olivenöl erhitzen, die Schalotten für ca. 10 Minuten konfieren, bis sie goldgelb sind. Herausnehmen und auf etwas Küchenpapier abkühlen lassen. Das Schalotten-Olivenöl aufheben.

Burghul mit ca. 600 Milliliter Wasser zum Kochen bringen, etwas salzen. Die Berglinsen unterrühren und für weitere 10–15 Minuten kochen lassen. Dann etwa die Hälfte bis zwei Drittel des Schalottenöls dazugeben, gut umrühren und anrichten. Die Schalotten auf der Weizengrütze verteilen.

Rotbarben filetieren und salzen. Eine Schale mit Knoblauch ausreiben, 4 Esslöffel Olivenöl hineingeben. Die Filets darin wälzen, herausnehmen und auf einem Blech in den auf 200 °C vorgeheizten Backofen ca. 10 Minuten garen. Währenddessen das Olivenöl stark erhitzen, die Tomaten in Mehl wälzen und von beiden Seiten kurz anbraten, leicht salzen. Beim Anrichten etwas von dem Tomaten-Olivenöl aus der Pfanne über die Filets träufeln.

Schoko-Mocca-Kardamom-Creme

Zutaten

400 ml Sahne
150 g Zucker
1 TL Kardamompulver
1 TL Mocca-Kaffee
400 g Bitterschokolade (mind. 60 %)
500 ml nicht zu fest geschlagene Sahne

Zubereitung

Die flüssige Sahne aufkochen, Zucker, Kardamom und Mocca dazugeben, kurz köcheln lassen und in einen anderen Topf passieren. Bitterschokolade in kleine Stücke brechen, zur Sahnemischung geben und solange rühren, bis eine homogene, aber noch nicht feste Masse entstanden ist. Etwas abkühlen lassen und die geschlagene Sahne unterheben. Mind. 6 Stunden kühl stellen.

Cassis-Lavendel-Creme

Zutaten

750 g Zucker
50 g Lavendelblüten
750 ml Cassis-Püree
12 Blatt Gelatine, eingeweicht und ausgedrückt
500 g geschlagene Sahne

Zubereitung

1 Liter Wasser mit Zucker aufkochen und einen Sirup herstellen, bis er Blasen wirft. Lavendel und Cassis-Püree dazugeben, 5 Minuten kochen lassen, vom Herd nehmen und 10 Minuten ziehen lassen. Passieren und die Gelatine dazugeben, gut verrühren. Eventuell noch mal etwas erhitzen, damit die Gelatine sich völlig auflösen kann, abkühlen lassen. Wenn die Creme beginnt fest zu werden, die geschlagene Sahne unterheben.

Diese süße Sünden findet man nicht in Syrien – sie sind Klassiker von Hanna Saliba, die nur in seinen Restaurants in Hamburg serviert werden.

HAURAN

Kornkammer
der Römer und Drusen im
Land der Vulkane

حوران

Die Syrer haben Humor und nehmen sich gerne selbst auf den Arm. Nicht nur die Homsianer. Auf die Frage, wie viele Schafe es wohl in Syrien gäbe, erhält man häufig die Antwort: „So viele Vier- wie Zweibeinige, etwa 16 Millionen." Hanna formuliert es etwas sanfter: „Auf jeden Bewohner kommt in Hamburg ein Baum, in Syrien ein Schaf." Reist man durch das Land, glaubt man es sofort, überall Schafe. Vierbeinige natürlich. Je weiter man allerdings in den Süden und vor allem in den Südosten kommt, in die vulkanische Region Hauran, umso seltener werden sie. Kein Wunder. Überall gedeihen Weinreben, Öl- und Obstbäume auf hügeligen Plantagen in einer Landschaft, die streckenweise ähnlich wie der Norden Syriens an die Toskana erinnert. Dummerweise hatten auch die Schafe Gefallen an den Weintrauben gefunden und sie fast alle aufgefressen. Deswegen hat die Provinzregierung 1979 kurzerhand das Weiden von Schafen im Hauran untersagt, zu wichtig sind die Trauben für die Araq-Produktion. Das Verbot gilt bis heute.

Auf unserer Fahrt durch den Hauran machen wir einen kurzen Abstecher nach Izra'a, einem kleinen Ort, der unter den Byzantinern Bischofssitz gewesen ist. Die griechisch-orthodoxe Kirche des Heiligen Georg, der in Syrien von Christen wie von Muslimen hoch verehrt wird und im Vorderen Orient als Märtyrer während der Christenverfolgungen unter Kaiser Diokletian gestorben sein soll, zählt zu einer der ältesten und besterhaltenen Kirchen Syriens. In einer Inschrift an der Schwelle des Haupttores wird bezeugt, dass an dieser Stelle seit über 1.500 Jahren „für den wahren Gott Jesus Christus" gebetet wird. Die Kuppel, die auf acht großen Säulen ruht, wird als symbolische Umarmung der Gläubigen durch Jesus Christus begriffen. An Tagen wie heute, wenn das Fest des Heiligen Georg gefeiert wird, strömen besonders viele Christen – die mit Bussen anfahren, auf denen im Rückfenster in großen arabischen Lettern Allah und sein Prophet Muhammad gepriesen werden – hierher, um gemeinsam die Messe zu feiern. Dafür ist auch Bischof Saba Esber angereist, Metropolit „von Bosra Hauran, dem Berg der Araber und dem Golan", zu dessen Diözese von Suwaida auch Izra'a gehört. In einem prächtigen Sakko, einer kroneähnlichen Mitra und mit seinem Bischofsstab leitet er die Liturgie, die mit längeren Bibel-Lesungen und Gesängen, die als Gebete verstanden werden, begleitet wird. Die Priester und Diakone laufen durch die Reihen und verteilen mit ihren Gefäßen Rauchschwaden von Weihrauch, bei jeder Anrufung der Trinität bekreuzigt und verbeugt sich die Gemeinde. Auch hier, wie in Lattakia, werden Brote am Altar gesegnet und zum Schluss, nachdem der Bischof die Gemeinde mit dem Kreuz gesegnet hat, an die Gemeinde verteilt. Eine liturgische Feier, die vielen Kindern eindeutig zu lange dauert und dies mit gelangweilten Blicken durch die Reihen nicht verbergen können.

MEIN HAUS IST DEIN HAUS

Je weiter wir in den östlichen Hauran kommen, desto bukolischer und idyllischer wird die Landschaft. Hanna ist auffallend still. „Ja, ja", sagt er. „Sehr schön hier. Aber blöder HSV, er hat schon wieder verloren." Eine SMS seines Sohnes überbrachte die schlechte Kunde. Doch für Trauer bleibt nicht viel Zeit. Wir kommen zum Dorf Miyamas, ein Drusendorf, das auf rund 1.800 Metern Höhe liegt. Ja, denke ich mir, das Bild eines Drusen in seiner typischen Tracht, einer schwarzen Pluderhose, dem *Schirwaal*, einem weißen Turban, dem *Laffe*, und mit ungestutztem Bart, die ihn als Angehöriger der *Uqaal*, der „Eingeweihten" der drusischen Religion, auszeichnet, das sollte im Buch eigentlich nicht fehlen. Etwa 3 Prozent der Syrer gehören dem Drusentum an, einer synkretistischen Religion, bei der nicht die koranischen Offenbarungen im Vordergrund stehen – und deswegen auch die kultischen Handlungen wie Gebet oder Fasten keine große Rollen spielen –, sondern die „sieben heiligen Bücher" ihres Imams und Gründers Hamza, der im 11. Jahrhundert das komplizierte und auf philosophischen Vorstellungen basierende Lehrgerüst entwickelte. Nur die *Uqaal*, die Eingeweihten, kennen

◄ Heiliges Zeremoniell: Als Familienältester bekrönt der 93-jährige Aarif Qaiwaan das Mansaf-Gericht mit flüssiger Butter.

► ◄ Wie das Theater von Bosra bauten die Römer ihre Städte im Hauran aus schwarzem Basalt.

► Eine alte Drusin in Miyamas.

die Regeln, die Mehrheit der Drusen sind *Dschuhaal*, Unwissende, und folgen den *Uqaal*. Diese Exklusivität wird noch dadurch unterstrichen, dass man als Druse geboren wird, Konversion ist unmöglich. Drusen gelten jedoch als sehr liberal – Frauen verschleiern sich beispielsweise nicht –, gastfreundlich und tolerant.

Als wir durch Miyamas fahren, sehe ich auf einer kleinen Terrasse vor einem stattlichen Haus einen nicht weniger stattlichen alten Mann in der drusischen Tracht sitzen. Ich parke das Auto in einer angemessenen Entfernung am Straßenrand und nähere mich ihm mit meiner Kamera, die noch lässig und – so meine ich – unverdächtig am Körper baumelt. Der alte Mann strahlt Gelassenheit und Ruhe, eine tiefe Zufriedenheit aus, er sieht mich. Ich bin noch etwas entfernt, aber ich erhebe meine Hand zum Gruß und sage: *„As-Salamu Alaikum!* Friede sei mit Dir!" Er grüßt zurück: *„Wa Alaikum as-Salam!* Und Friede sei mit Dir!". Diese Begrüßungsformel, die jeder Karl-May-Leser kennt, ist in Syrien, vor allem in den Städten, wenig verbreitet, doch auf dem Land hört man diese Worte gerne. Der alte Mann beobachtet mich. Ich rechne damit, dass er nicht fotografiert werden möchte, was ich zwar bedauern, aber natürlich respektieren würde. Stattdessen jedoch setzt er sich aufrecht hin, lehnt noch würdevoller auf seinen Gehstock, nimmt den Kopf leicht nach oben und gibt mir ein Zeichen, er sei bereit. Ich lächele ihn an und mache ein paar Fotos. Als ich zu ihm gehe, steht er schließlich auf und mit einer weit ausholenden Armbewegung sagt er: *„Ahlan wa-Sahlan! Beiti Beitak!* Herzlich Willkommen! Mein Haus ist Dein Haus!" Wie es üblich ist, lehnen wir – Hanna ist inzwischen dazu gekommen – die Einladung ab. Doch als er sie mehrmals wiederholt, dürfen wir sicher sein, dass sie ernst gemeint ist. Es war der Beginn einer neuen Freundschaft.

Die meisten Drusen leben im Libanongebirge, doch aufgrund politischer Unruhen Mitte des vorigen Jahrhunderts wanderten viele von ihnen aus und ließen sich in den seit der Spätantike entvölkerten Basaltbergen südlich von Damaskus nieder. Die Region wurde nach ihnen benannt, *Dschabal ad-Druz*, Berg der Drusen, und ist das Zentrum des vulkanischen Gebietes im Hauran. Schon in der Antike gehörte die Region zu einer der fruchtbarsten Syriens, die intensiv landwirtschaftlich genutzt wurde. Für die Römer war es die Kornkammer ihrer „Provincia Syria", prächtige Städte ließen sie bauen, am meisten beeindruckt noch immer Bosra mit seiner komplett aus schwarzem Basalt gebauten Stadtanlage, in der imposant das riesige Theater Zeugnis einer reichen Epoche ist. Durch vulkanische Verwitterung ist der Boden im Hauran sehr fruchtbar, aber schwer zu bearbeiten. Riesige Felder ziehen sich schachbrettartig durch die Landschaft, mühevoll abgegrenzt durch aufgeschichtete Lesesteine. Steht man inmitten dieser Landschaften, hört man die Worte einer überlieferten Inschrift, die von dem Gott Baal handeln: „Der Himmel regnet Öl, die Bäche führen Honig, es rieseln die Quellen der Gefilde, ein Gott ließ sie ergießen, der Herr der Quelle des Ackerlandes."

Der alte Druse, er stellt sich als Aarif Qaiwaan vor, bittet uns in sein Haus und führt uns in den großen Empfangsraum, in das *Madaafe*, wie ihn jedes größere Haus bei den Drusen hat. An der Stirnwand und den Seitenwänden des Raumes liegen Matratzen und Unterlagen aus Strohmatten. Darauf liegen Kissen, damit es der Gast auch gemütlich hat. Das Bettzeug ist in einer Truhe untergebracht, denn oftmals schläft die Familie auch in diesem Raum, in kleinen Wandnischen sind Utensilien, in der anderen Ecke befindet sich ein kleiner Gaskocher, daneben steht ein großer Plastikbehälter mit

frischem Wasser. Die ganze Familie kommt herein, allen voran der älteste Sohn Nasir und seine Frau Alwa mit ihren Kindern. Nach einer herzlichen Begrüßung wird zunächst mit Kardamom aromatisierter Kaffee aufgebrüht. Hier lebt die beduinische Tradition fort, denn ein Gast wird immer zunächst mit einem Schlückchen Kaffee empfangen. An der Reihenfolge, in der den Gästen der Kaffee angeboten wird, ist der Rang eines Gastes abzulesen. Als Älterer von uns beiden bekommt Hanna zuerst von Nasir als ältestem Sohn die kleine Tasse gereicht, die man nur in kleinen Schlückchen trinkt. Um anzuzeigen, dass man keinen weiteren Schluck möchte, wippt man beim Zurückgeben das Tässchen ein wenig. Dann bin ich an der Reihe und als Zeichen der Verbundenheit gönnt sich zum Abschluss Nasir ein Schlückchen aus derselben Tasse. „So, so", lacht Alwa, „ihr seid auf kulinarischen Spuren in Syrien unterwegs. Na, dann wollen wir doch mal zusammen kochen!" Widerrede ist zwecklos.

Aber es ist noch helllichter Tag, der Sonnenuntergang weit entfernt. „Ach", sagt Nasir, „das ist kein Problem. Wir sind nur ein bisschen Muslime, deswegen fasten wir auch nicht." Die Söhne Nahid und Raswan werden zum Einkaufen geschickt, dann legen alle – auch die Männer – in der Küche los. Der Hauran erstreckt sich auch in das heutige Jordanien, so ist in der Region das traditionelle beduinische Essen *Mansaf*, ein Nationalgericht Jordaniens, sehr beliebt, bei dem normalerweise ein ganzer Hammel in Buttermilch gekocht,

◄ Beim Kochen packen alle mit an: Nasir dreht das Hackfleisch mit dem Burghul durch den Fleischwolf. Alwa und ihre Schwägerin Nadschah rollen daraus die *Kibbe*.
► Alwa in der Küche der Familie.

▲ Kartoffeln schälen vor einem Haus in Bosra.
◄ Zeichen der Freundschaft. Beim zweiten Besuch speisen wir mit der ganzen Familie, beim ersten gemeinsamen Essen war es noch reine „Männersache". ▼
► Anmutung an die Toskana. Im fruchtbaren Hauran gedeihen auf Terrassenfeldern Wein, Obst und Oliven.

auf einer großen Platte angerichtet und mit Bergen von Reis bedeckt wird. Alwa macht mit ihrer Schwägerin Nadschah ihre Variante: Statt Lamm nehmen sie Hühnerfleisch („Hühneressen" gilt in vielen Geschichten und Anekdoten aus alter Zeit als Zeichen unendlichen Reichtums und ist noch heute Ausdruck besonderer Ehrerbietung), das lange auf *Naar Chafife* in einem Topf mit vielen verschiedenen Gewürzen gegart und schließlich auf einem riesigem Berg Burghul gebettet wird. Darüber kommen noch gefüllte *Kibbe*, gereicht wird es mit frisch gebackenem Fladenbrot und einem Glas Brühe, in der die Hühnchen gegart wurden. Gekocht wird zwar gemeinsam, wenn Gäste da sind wird aber getrennt gespeist. Während die Frauen also im Familientrakt des Hauses essen, bekommen wir mit den Männern im *Madaafe* das Festmahl gereicht, das im Stehen eingenommen wird. Gastfreundschaft wird immer als Ehre empfunden und nicht als Pflicht. Deswegen erhält der 93-jährige Aarif Qaiwaan als Schaich und Hausherr auch die Ehre als abschließende Zeremonie die heiße Butter über das Mansaf zu gießen und die Tafel mit einem *Bismillah* (Im Namen Allahs) zu eröffnen, um dem Schöpfer für die großzügige Gabe zu danken. Nasir reicht uns als Gastgeber die besten Stücke der Hühnchen als weitere Ehrerbietung. Aufessen würde jetzt als unhöflich gelten, weil wir die Familie in Verlegenheit brächten: Offensichtlich hätten sie nicht ausreichend aufgetragen. Aber Hanna und ich müssen uns keine Sorgen machen, sie haben so viel aufgetragen, dass wir nicht aus reiner Höflichkeit das Essen mit einem *Alhamdulillah* (Allah sei Dank) beschließen und der Familie *Inschallah Daime* (so Gott will, sei Euer Lohn ewig) wünschen, das sie mit einem *Sahteen* (viel Gesundheit) erwidern, wofür wir uns wiederum mit einem *'Ala Qalbkon* (auf Euren Herzen) bedanken. Zum Schluss des Mahls wird als kleiner Verdauungstrunk erneut der starke Kaffee aufgetragen, normalerweise die höfliche Art des Gastgebers anzuzeigen, dass der Gast sich verabschieden möge. Doch nicht bei Nasir und seiner Familie. Sie möchten uns noch unbedingt ihre Felder zeigen und mit uns dort noch einen Kaffee im Freien genießen.

Nasirs Familie besitzt rund 14 Hektar Land, auf dem sie vor allem Äpfel und Quitten – sie haben rund 300 Obstbäume –, Weizen,

Mandeln und Trauben anbauen, die aber nicht zu Araq, sondern nur zu Rosinen, Essig und Sirup verarbeitet werden. In ganz Miyamas gibt es keinen Alkohol. „Und wir haben hier eine besondere Sorte Tomaten“, erklärt Nasir. „Sie wird so groß, dass wir sie *Banadura Dschabaliye*, Bergtomaten, nennen.“ Die Äpfel verkaufen sie an einen Großhändler, von dort aus finden sie Abnehmer in den Golfstaaten, der Türkei und Ägypten. Die syrischen Sorten sind sehr beliebt. „Früher“, erzählt Aarif Qaiwaan, „ja früher, da haben wir unser Obst mit Kamelen nach Damaskus und Jordanien gebracht.“ Während wir uns ins Grüne zwischen all den Apfelbäumen setzen und den mitgebrachten Kaffee in der erfrischenden Luft genießen, erzählt Alwas Schwester Rayan, die „Reife“, wie ihr Name auf Arabisch heißt, dass sie sich ein anderes Leben nicht vorstellen könne: „Wenn ich hier mit meiner Familie so sitze, stelle ich fest, dass ich immer nur auf dem Land leben möchte.“ Ihre 15-jährige Schwester Radir hingegen kann sich sehr gut vorstellen, irgendwann mal in die Stadt zu ziehen: „Das Leben stelle ich mir dort aufregender vor.“ Raswan, der mittlere Sohn, erzählt mir abseits seiner Familie, dass er unbedingt ein Mädchen heiraten möchte, in das er schon lange verliebt ist. Das Problem: Sie ist Christin. Und Drusen heiraten nur untereinander. „Aber das ist mir egal“, sagt Raswan voller Überzeugung. „Eines Tages werde ich sie heiraten. Hoffe ich jedenfalls.“ Als wir in das Dorf zurückfahren und uns gerührt von allen verabschieden, möchte Aarif Qaiwaan, der alte Druse, unsere Hände gar nicht mehr loslassen: „*Beiti Beitkon! Beiti Beitkon!* Mein Haus ist Euer Haus“, sagt er immer wieder. Ein paar Monate später werden wir sie wieder besuchen, dann dürfen wir mit der ganzen Familie, auch mit den Frauen, im Familientrakt zusammen essen. Ein besonderes Zeichen – das der Freundschaft.

SCHNAPS ODER SIRUP

Fährt man durch die Weinberge, wird einem gewahr, dass der Vordere Orient zu einem der ältesten Weinanbaugebiete gehört. Schon vor über 8.000 Jahren wurden auf den Golanhöhen erste Weinberge angelegt, Ausgrabungen im libanesischen Küstenstädtchen Byblos brachten eine 5.000 Jahre alte Rebe hervor. Die Phönizier, das

berühmte Handels- und Seefahrervolk, handelten von ihren Häfen Sidon, Tyros und Byblos nicht nur den wertvollen Purpur, Olivenöl und Glas über das Mittelmeer, sondern auch ihren Wein. Und auch in einer prähistorischen Siedlung südlich von Damaskus wurde eine Weinpresse gefunden. Mit den muslimischen Eroberungen im 7. Jahrhundert wurde der Weinanbau stark eingeschränkt, wenn auch nicht gänzlich untersagt. Auch einige Khalifen waren dem schmackhaften Traubensaft sehr angetan. Unter den Osmanen, vor allem nach dem Alkoholverbot des osmanischen Sultans Murad IV. Anfang des 16. Jahrhunderts, war die Weinproduktion jedoch dem Niedergang geweiht. Weintrauben wurden fast nur noch zu Rosinen verarbeitet. Die französische Kolonialmacht regte zu Beginn des 20. Jahrhunderts wieder den Weinanbau an, heute zählen vor allem die libanesischen zu den besten arabischen Weinen, die überwiegend in der Bekaa-Ebene angebaut werden, wo die Reben auf steinigen, kargen Kalk-Lehmboden mit ausreichend Wasser und viel Sonne ihre edlen Früchte hervorbringen können. Im Hauran ranken die Reben an gespannten Drähten, oftmals aber auch als Gobelet-System, also strauchartig und ohne Pfahlstützung, wie es in den Mittelmeerländern weit verbreitet ist. Am häufigsten wachsen sie aber als kriechende Reben. Die Reben werden dabei dicht am Boden gezogen, wodurch die Trauben vor Wind geschützt und besonders gut Feuchtigkeit speichern können. Die Wurzeln wachsen zudem wegen des trockenen vulkanischen Gesteins sehr tief.

Weitaus bedeutender als Wein ist für die Region Hauran aber die Produktion von Araq, dem Anisschnaps. Die Firma Ar-Rayan stellt 80 Prozent der gesamtsyrischen Produktion her, rund zwei Millionen Liter jährlich. Man benötigt eigentlich nur zwei Zutaten, das hatte uns auch schon Hassan im Tal der Christen erzählt: Weintrauben und Anis. Der beste Araq wird aus der Obaidi-Traube gewonnen, von der man sagt, sie sei die Vorfahrin der Chardonnay-Traube. Die Trauben werden gepresst und fermentieren mindestens drei Wochen, bevor sie im Kupferkessel destilliert werden und der magische Prozess des edlen Hochprozentigen seinen Gang geht. Für „hervorragende Qualität" hat Ar-Rayan im Jahr 1984 in altbewährter sozialistischer Verbundenheit sogar von der Leipziger Frühjahrsmesse die Goldme-

► Der beste Araq wird aus der Obeidi-Traube gewonnen. Der Direktor der staatlichen Firma Ar-Rayan erklärt den Prozess. ◄ ▲ Kriechende Reben sind weit verbreitet im Hauran. ◄ Einige Drusen haben sich auf *Dibbes*, Sirup, spezialisiert. ▼ Qualitätskontrolle bei Ar-Rayan.

daille verliehen bekommen. Verkauft wird fast nur in Syrien selbst, allerdings geht der Verbrauch zurück. „Das liegt nicht daran, dass weniger Alkohol getrunken wird", sagt Adnan Abu As'ali, der Fabrikdirektor. „Aber Jugendliche trinken lieber Bier oder Cocktails, Araq ist eher etwas für die Väter." Und die wissen natürlich auch, wie man Araq richtig trinkt: Erst den Araq einfüllen, dann mit der dreifachen Menge kaltem Wasser aufgießen – und ein paar Minuten warten. So kann sich der Araq an die Temperatur des kalten Wassers gewöhnen, eine Tradition übrigens, die noch aus der Antike stammt – damals hatte man das miserable und oftmals trübe Trinkwasser mit Traubenalkohol sterilisiert. Vom Wein hingegen verlassen nur rund 150.000 Liter jährlich die Hallen von Ar-Rayan. Mit den weißen Trauben könne man guten Wein machen, erklärt As'ali, aber mit den roten habe man Probleme: „Deswegen wollen wir bald Reben aus Europa einführen, um die Qualität zu verbessern. Mal schauen, ob es klappt." Da Ar-Rayan ein staatliches Unternehmen ist, ist es verpflichtet, alles aufzukaufen, was ihnen die Bauern an Trauben liefern. Allerdings: Viele muslimische Bauern verkaufen nicht an Ar-Rayan, weil daraus Alkohol entsteht, lieber bringen sie die Trauben zu den Drusen, die daraus *Dibbes*, Sirup, machen. Einige Drusen haben sich darauf spezialisiert und kochen für die Bauern in großen Kupferkesseln gegen einen Obolus und einen Teil der Ernte die Trauben ein. Dieser *Dibbes* ist beliebt als eine Art Honig oder Konfitüre, aber auch als Würzzutat. Und auch das folgt einer alten Tradition. Schon ein arabisches Kochbuch aus dem Mittelalter des Gelehrten al-Warraq berichtet, dass der Khalif am Hofe von Bagdad Wein als Würzung liebte. Dabei wurden, ähnlich wie heute, Trauben zunächst einige Tage in einem Gefäß der Sonne ausgesetzt und dann gekocht, der entstehende würzige Schaum wurde abgeschöpft. Mit dieser Methode gewann man eine Art Wein: Man brachte das Lesegut durch Sonnenwärme zur Gärung, weswegen man diesen „Wein" *Schamsi*, den Sonnigen, nannte.

GLÜCKSBRINGER AUF DEM BERG

Unweit des Städtchens Schahba, aus der Philippus Arabs stammt, der im 3. Jahrhundert zum Kaiser in Rom gekrönt wurde, finden

◄ Vor dem Grab eines Lokalheiligen der Drusen auf dem *Dschabal ad-Druz,* einem riesigen Vulkankrater, lässt der Taxifahrer als Dank für sein neues Auto ein Schaf schlachten. ▼ Messe am Tag des Heiligen Georg in Izra'a. ► Drusen beten und verweilen am Grab des Lokaheiligen.

sich mehrere rabenschwarze erloschene Vulkane. Der gewaltigste von ihnen ist der *Dschabal ad-Druz*, der Drusenberg. Von seinem Gipfel aus hat man nicht nur eine grandiose Sicht auf das Umland, sondern dort befindet sich auch das Grab eines Lokalheiligen, zu dem Drusen pilgern, an seinem Sarkophag beten und verweilen oder mit der ganzen Familie picknicken. Auch für den Drusen Hassan ist es ein ganz besonderer Berg. Der Taxifahrer hat sich ein neues Auto gekauft und damit es gute Geschäfte einbringt und Unheil ferngehalten wird, erbringt er ein Opfer. 4.000 syrische Lira, ein monatlicher Durchschnittslohn, hat er für das Schaf bezahlt, das er von einem Schlachter auf der Motorhaube des Autos schlachten lässt. „Das ausströmende Blut wird mir Glück bringen", sagt Hassan überzeugt, während er etwas angewidert bei der Schlachtung zusieht. Das Schlachten folgt dabei festen Regeln, denn dem Opfertier muss Respekt entgegengebracht werden, so wie Ibrahim es mit seinem Sohn Ismail gemacht hat. Aus Sicht der Muslime ist es Ismail gewesen, den Ibrahim (Abraham) auf Geheiß Gottes opfern sollte, nicht Isaak, wie Juden und Christen glauben. Das Schaf darf weder die Klinge sehen, noch dürfen zwei Tiere sich gegenüberstehen, da sie sonst Angst bekämen. Die Kehle des Tieres wird nach Mekka ausgerichtet und mit einem schnellen Schnitt wird das Tier im Namen Allahs geopfert. „Das Fleisch werde ich an Arme verteilen lassen", sagt Hassan und fährt mit seinem neuen Taxi zufrieden davon.

Als wir nach Damaskus zurückfahren, sehe ich wieder keine Schafe, denn es ist dunkel geworden. Aber ich sehe Aarif Qaiwaan, unseren alten Drusen, vor mir, er sitzt wieder vor seinem Haus und lehnt auf seinem Gehstock. Seine Worte klingen mir nach: „*Beiti Beitkon.* Mein Haus ist Euer Haus."

„Der Himmel regnet Öl, die Bäche führen Honig, es rieseln die Quellen der Gefilde, ein Gott ließ sie ergießen, der Herr der Quelle des Ackerlandes."

Lammlachse auf Feigen-Walnuss-Sauce

Zutaten

ca. 720 g Lammlachse, ggf. parieren
Salz, Pfeffer

Feigen-Walnuss-Sauce

200 g getrocknete Feigen
3 EL Araq (arab. Anisschnaps)
2 EL Sesamsamen
50 g Schalotten, in sehr feine Würfel geschnitten
2 EL Olivenöl
Saft von 1 Orange
200 ml Lammjus (siehe Grundrezept)
2 Rosmarinzweige, 1 davon fein gehackt
1 Lorbeerblatt
100 g Walnüsse, fein gehackt
2 EL Honig
2 mittelgroße Knoblauchzehen, geschält, leicht zerdrückt

Zubereitung

Für die Sauce die Stiele der Feigen entfernen, achteln und in Araq und 200 Milliliter Wasser einweichen. Sesam ohne Öl goldbraun anrösten und auf einem Teller auskühlen lassen. Die Schalotten in etwas Olivenöl glasig anschwitzen und mit Orangensaft, dem Einweichwasser der Feigen und Lammjus ablöschen. Die Sesamsamen dazugeben und ohne Deckel einkochen lassen. Nach etwa 10 Minuten Feigen unterrühren und weiterkochen lassen. Nach weiteren 10 Minuten den fein gehackten Rosmarin, Lorbeerblatt, Knoblauchzehe, Walnüsse und Honig einrühren.

Die Lammlachse längs aufschneiden, aufklappen, etwas flach klopfen und würzen. In heißem Olivenöl mit der zweiten Knoblauchzehe und dem verbliebenen Rosmarinzweig anbraten, nach 1 Minute wenden und ca. 3 Minuten weiterbraten, dabei noch mal wenden. Lorbeerblatt und Knoblauchzehe aus der Sauce fischen und sie dann mit den Lammlachsen auf Tellern anrichten. Mit Fadennudel-Basmatireis (siehe Grundrezept) servieren.

Lammkeule in Joghurt-Minze-Sauce

Zutaten

200 g Zwiebeln, in grobe Würfel geschnitten
2 Knoblauchzehen, in der Schale zerdrückt
3 Lorbeerblätter
15 Kardamomkapseln
8 Pimentkörner
1 Zimtstange
3 Nelken
1,5–1,8 kg Lammkeule, pariert und in mundgerechte
Stücke geschnitten (netto ca. 1,2 kg)
1 EL Salz

Joghurt-Minze-Sauce

1 EL Maisstärke
2 EL Knoblauch, gepresst
100 g Butterschmalz
2 EL getrocknete Minze
600 g Joghurt (3,5 % Fettgehalt)
Salz, Pfeffer

Zubereitung

Ca. 2,5 Liter Wasser mit Salz, Zwiebeln, Knoblauch, Lorbeerblättern und den Gewürzen aufkochen. Das Fleisch dazugeben und ca. 50 Minuten mit geschlossenem Deckel köcheln lassen.

Für die Sauce etwa 10 Minuten vor Ende der Kochzeit der Fleischstücke die Maisstärke mit etwas kaltem Wasser verrühren. Das Knoblauchpüree in dem heißen Butterschmalz anschwitzen, die Minze zufügen und unter ständigem Rühren zuerst den Joghurt, dann 100 Milliliter von der Fleischbrühe und die angerührte Maisstärke dazugeben, einmal aufkochen lassen und abschmecken. Das Fleisch aus der Brühe nehmen und unter die Sauce rühren. Mit Fadennudel-Basmatireis (siehe Grundrezept) servieren.

Kibbe-Variationen

Zutaten

600 g Lammkeule, entbeint
700 g feiner Burghul (siehe Glossar), 50 Minuten in kaltem Wasser quellen lassen
5 TL Salz
1 TL Saliba-Gewürzmischung

Füllung

800 g Zwiebeln, in feine Würfel geschnitten
600 g Lammhackfleisch
2 EL Olivenöl
2 TL Salz
2 TL Saliba-Gewürzmischung
80 g Pinienkerne, in einer Pfanne mit etwas Butterschmalz angeröstet
60 g Pistazien, fein gehackt und in einer Pfanne mit etwas Butterschmalz angeröstet
60 g Granatapfelkerne
80 g Walnüsse, fein gehackt
Butterschmalz

Würzpaste

50 g Lammhackfleisch aus der Lammkeule (siehe unten)
1 TL Harissa
1 EL Mehl
Butterschmalz

Joghurt-Variante

2 kg Joghurt
2 EL Maisstärke
2 Eier, leicht geschlagen
50 g Langkornreis
1 TL Salz

Zubereitung

Die Lammkeule parieren, in Würfel schneiden und zweimal durch den Fleischwolf mit feiner Scheibe (2 Millimeter) drehen (davon 50 Gramm für die Würzpaste beiseitelegen). Den eingeweichten Burghul ebenfalls durch die feine Scheibe des Fleischwolfes drehen oder im Mixer sehr fein zerkleinern. Salz, Saliba-Gewürzmischung und Burghul zum Lammhackfleisch geben und ca. 10 Minuten verkneten. Eventuell etwas kaltes Wasser untermischen.

Für die Füllung Zwiebeln mit Olivenöl glasig anschwitzen, Lammhackfleisch dazugeben und sehr gut vermischen. Anbraten, bis das ganze Wasser verdampft ist. Salz, Saliba-Gewürzmischung, geröstete Pinien- und Pistazienkerne, Granatapfelkerne und Walnüsse einarbeiten.

Klassische Variante

Ein Backblech mit Butterschmalz gut bestreichen, auch die Ränder. Aus der Lammhackfleisch-Burghul-Mischung in der Handfläche ca. 40 Kugeln (à ca. 20 Gramm) formen. Jeweils eine Kugel in der linken Hand halten und mit dem Zeigefinger der rechten Hand eine Mulde drücken (Linkshänder machen es natürlich umgekehrt ...), etwas Füllung hineingeben und gut verschließen, sodass kleine „Kuppeln" (= arab. *Kibbe*) entstehen. Nebeneinander auf das Backblech legen.

Aus den Zutaten der Würzpaste eine glatte Paste rühren und Kibbe einzeln damit bestreichen. Auf die Paste jeweils noch einen kleinen Klecks Butterschmalz geben und im Ofen bei 220 °C ca. 30 Minuten garen.

Joghurt-Variante

Joghurt in einen Topf geben, Maisstärke in 100 Milliliter Wasser glatt rühren, mit den Eiern zum Joghurt geben und mit einem Schneebesen gut vermischen. Reis einrühren und auf mittlerer Flamme unter ständigem Rühren vorsichtig erhitzen. Salzen und einmal aufkochen lassen. Ab und zu umrühren, bis der Reis gar ist.

Aus einem Teil der Lammhackfleisch-Burghul-Masse etwa 50 ca. 10 Gramm schwere Kugeln formen und diese füllen wie bei der klassischen Variante beschrieben (siehe gegenüberliegende Seite). In der Joghurtsauce ca. 5 Minuten sanft köchelnd ziehen lassen. Auf tiefe Teller verteilen und abkühlen lassen. In den Kühlschrank stellen. Kalt servieren.

Fattee | Kichererbsen mit Tahina und eingeweichtem Brot

Zutaten

600 g Kichererbsen, mit 2 TL Salz 12 Stunden in Wasser einweichen
300 ml Tahina (Sesampaste aus dem orientalischen Lebensmittelladen)
Saft von 3 Zitronen
1 Knoblauchzehe, gepresst
2 TL Salz
2 arabische Fladenbrote, in 3 Zentimeter breite Streifen geschnitten
Kumin
Paprikapulver
50 g Pinienkerne, geröstet
Butterschmalz

Zubereitung

Die Kichererbsen ca. 2 Stunden kochen. 100 Gramm der Kichererbsen 30 Minuten weiterkochen, die übrigen Kichererbsen herausnehmen und zur Seite stellen. Tahina mit den 100 Gramm weichgekochten Kichererbsen (Sud aufbewahren!), 300 Milliliter Wasser, Zitronensaft, Knoblauch und Salz zu einer homogenen Sauce pürieren. Die eine Hälfte der Fladenbrotstreifen in tiefe Teller verteilen. Je eine Mischung aus 1 Kelle Kichererbsen, 100 ml Sud und 1 Esslöffel Tahinasauce auf das Fladenbrot geben. Darauf kommt eine Schicht abgetropfter Kichererbsen und weitere 4 Esslöffel Tahinasauce. Mit Kumin und Paprikapulver würzen und mit Pinienkernen bestreuen. Die zweite Hälfte der Fladenbrotstreifen in Butterschmalz anrösten, auf den Tellern verteilen und restliches Butterschmalz darüberträufeln.

Fattee ist im gesamten Vorderen Orient ein sehr beliebtes Frühstück, vor allem in der Kombination mit Fulbohnen (siehe S. 216), es stärkt schlappe Gemüter schon in den frühen Morgenstunden. Deswegen serviert auch Yahya in seinem Ar-Raschid-Café in Lattakia seinen Gästen eine besonders große Portion *Fattee*, wenn sie ihm noch nicht wach genug erscheinen. In Lattakia nutzt man den Sud aus den eingekochten Kichererbsen (wie in diesem Rezept), in Damaskus hingegen ist es eine Spezialität, für den Sud Lammfüße auszukochen.

Schwarze Augenbohnen mit Mangold

Zutaten

100 g schwarze Augenbohnen
Blätter von 2 Mangoldstauden
2 kleine Zwiebeln, klein gehackt
4 EL Olivenöl
1 EL Korianderkörner, im Mörser zerstoßen
3 Lauchzwiebeln, fein geschnitten
Salz

2–3 Zitronenscheiben zur Dekoration

Zubereitung

Die Augenbohnen in reichlich Wasser kochen. Die Mangoldblätter in Streifen schneiden, in Salzwasser 4–5 Minuten blanchieren und in Eiswasser abschrecken. Abtropfen lassen, die restliche Flüssigkeit auspressen. Zwiebeln in Olivenöl glasig andünsten, Bohnen und Koriander dazugeben und gut vermengen. Zuerst die Lauchzwiebeln, dann die Mangoldstreifen unterheben. Vom Herd nehmen, abschmecken und abkühlen lassen. Mit Zitronenscheiben dekorieren.

Dieses Rezept ist eine erfrischende Vorspeise, passt aber auch, mit etwas Zitronensaft, zu gebratenem Fisch.

KLÖSTERLICHES

Wo die heilige Thekla Zuflucht fand und der Winter am kältesten ist

رهباني

Ein Schild gleich am Felsen hinter dem Kloster weist den Weg, es geht viele Stufen nach oben. Am Geländer gemahnt ein weiteres Schild an die Gefahren des Rauchens, Handys sind bitte abzustellen. Ganz oben ist es still. Es ist nur eine kleine Kapelle, durch zarten Kerzenschein erleuchtet, die Decke leicht geschwärzt vom Ruß. Etwas muffig ist es durch die vielen Pilger, die auf Strümpfen rechts eintreten, sich wegen der kleinen Tür symbolisch verbeugen müssen und am kleinen Schrein eine Kerze anzünden. An der Grabnische, an der viele Krücken lehnen, legen sie eine Fürbitte ab und verlassen links mit einer erneuten Verbeugung wieder die Kapelle. Gleich dahinter sickert Wasser aus dem Felsen in ein kleines Becken. Eine Mutter befeuchtet die Finger ihrer rechten Hand und bekreuzigt ihre beiden Kinder. Es ist heiliges Wasser, denn hier spaltete sich einst der Felsen, um der heiligen Thekla Schutz zu bieten. Seither sprudelt die Quelle, so die Legende. Thekla, in der Nähe der heutigen türkischen Stadt Konya in eine römische Familie geboren, hatte in jungen Jahren, so will es die Legende weiter, den Apostel Paulus gehört und predigte fortan den Glauben an Jesus Christus. Dafür sollte sie – auf Geheiß ihrer eigenen Mutter – als Gotteslästerin auf dem Scheiterhaufen verbrannt werden. Doch es brach ein Sturm los und Regen löschte das Feuer. Thekla konnte fliehen, die Truppen ihres Vaters folgten

▲ Nonne bei der „Hausarbeit" im Kloster von Sidnaya.
▶ Malerisch schmiegen sich die Häuser von Maalula an die Felswand. ▼ Schwester Fabrunia im Gespräch mit Hanna Saliba und am Steinherd der Klosterküche. ◀

ihr. Als sie in der zerklüfteten Landschaft des Al-Kalamun-Gebirges stand, schrie sie in Todesangst all ihre Verzweiflung heraus. Daraufhin spaltete sich der Berg, machte den Weg für sie frei und schloss sich wieder hinter ihr. Thekla konnte ihren Verfolgern entkommen. Aus Dankbarkeit führte sie ein gottgläubiges Leben, sie fastete und betete unaufhörlich, predigte und taufte, heilte Kranke und bewirkte Wunder. Der Glaube daran zieht bis heute viele christliche Pilger aus Syrien und Libanon, aber auch aus anderen arabischen Ländern, an. Sogar iranische Pilger, die die schiitischen Heiligtümer in Damaskus besuchen, kommen hierher und werfen einen Blick auf die Volksfrömmigkeit der Christen.

MUSLIME ZU GAST BEI CHRISTEN

Maalula, der Ort, an dem sich der Berg geöffnet hatte und an dem Thekla schließlich starb, ist wahrscheinlich Aramäisch und bedeutet „Felsenspalte". Ein Dialekt des Aramäischen, die Sprache Jesu und lange Volks- und Handelssprache Großsyriens in der vorchristlichen Zeit, hat sich zum Teil bis heute in Maalula erhalten. Zwei Drittel der heutigen Bevölkerung sind Christen, der Rest Muslime. Malerisch schmiegen sich die überwiegend weiß-blau getünchten Häuser des alten Dorfes Maalula an die Felsenschlucht. Der Ort ist aufgrund seiner Höhe von rund 1.600 Metern und seiner frischen Luft ein beliebter Ausflugsort der Damaszener geworden. Der leicht verträumte Charakter vergangener Jahre geht allmählich verloren. „Dass viele Besucher nach Maalula kommen, hat aber auch etwas Gutes", sagt Mariam Misri. Die Nonne, die seit 18 Jahren in dem griechisch-orthodoxen Kloster lebt, reicht Hanna und mir Mürbeteigplätzchen und Frohe-Ostern-Schokoladeneier, dazu Kaffee mit Kardamom. Misri kümmert sich zusammen mit den anderen 14 Nonnen im angeschlossenen Waisenhaus um rund 30 Kinder. „Viele Besucher aus Syrien, Libanon oder Jordanien kommen für ein Wochenende oder ein paar Tage", erzählt Mariam. „Manche wollen das ‚Eremiten-Leben' ein bisschen kennen lernen und bleiben ein paar Wochen, manchmal mit der ganzen Familie. So helfen sie uns bei der Arbeit, das ist gut." Auf die muslimischen Pilger angesprochen, schmunzelt sie: „Ja, manchmal zünden sie sogar eine Kerze an." Miriam ist stolz darauf, eine *Hadscha* zu sein, eine Pilgerin. Aber sie ist natürlich nicht nach Mekka gepilgert – Muslime bezeichnen sich

danach ja auch als *Hadschi* – sondern nach Jerusalem. Nonnen, die diese Pilgerfahrt noch nicht gemacht haben, heißen *Ucht*, Schwester. Ostern ist gerade vorbei und ihre Fastenzeit davor war streng: Diese ist nicht nur fleischlos, sondern sie verzichtet weitgehend auf alle Milchprodukte, dafür gibt es viel Gemüse und Obst. „Aber", sagt *Hadscha* Miriam, „in der normalen Zeit gibt es nur mittwochs und freitags kein Fleisch, wegen der Kinder." Und an besonderen Festen wird reichlich aufgetragen. Am 14. September zum Beispiel feiern die Christen das heilige Kreuzfest, bei dem sie auf dem Berggipfel von Maalula Feuer entzünden und an die Zeit erinnern, als Helena, die Mutter Kaiser Konstantins, das Kreuz in Jerusalem gefunden haben soll. Zu diesem Anlass werden mehrere mit Reis, Nüssen und vielen Gewürzen gefüllte Lämmer gebraten und an alle Gäste und Pilger verteilt. Zu diesem Fest kommen ebenfalls viele Muslime aus Maalula, schließlich ist auch für sie Jesus zwar nicht Gottes Sohn, aber einer der Propheten vor Muhammad. Und es ist ein beliebtes Volksfest, unabhängig von der religiösen Tradition. „Dann haben die Muslime noch mehr zu tun als wir", erzählt Miriam augenzwinkernd, „denn sie bringen ja ihre ganzen Verwandten mit, die alle versorgt werden wollen." Am 23. September ist Namenstag der Heiligen Thekla, ein kleineres Fest, an dem die Nonnen vor allem Fisch zubereiten, die sie an die Gäste ihres Klosters verteilen.

CHRISTLICHE VIELFALT

Eine Straße windet sich steil zum Berggipfel, in den Felsen sind Höhlen und Grotten auszumachen, in denen Eremiten lebten und in denen die Bevölkerung bei Gefahr Schutz suchten. Auf dem Gipfel thront ein weiteres kleines Kloster, das aber nur noch von einem Mönch betreut wird. Die kleine Klosterkirche, die als eine der ältesten christlichen Sakralbauten Syriens gilt, ist dem Heiligen Sergios geweiht, der zu Beginn des 3. Jahrhunderts nach Christus vor den Toren eines römischen Lagers weit in der syrischen Wüstensteppe hingerichtet wurde, weil er sich weigerte, Jupiter zu huldigen. Ihm zu Ehren findet jedes Jahr am 7. Oktober ein Fest statt. Wird unten im Tal also Thekla von den Griechisch-Orthodoxen als Märtyrerin verehrt, ist hier oben Sergios der Märtyrer, allerdings für die griechisch-katholische Kirche. Wenig verwunderlich, dass in der Region, in der die drei großen monotheistischen Religionen entstanden sind, auch die Vielfalt unter den christlichen Konfessionen am größten und ein bisschen verwirrend ist.

Die griechisch-orthodoxe Kirche ist die zahlenmäßig stärkste Gemeinde unter den zehn Prozent Christen in Syrien. Ihr „Patriarch von Antiochien und des ganzen Orients" hat seinen Sitz in Damaskus, 19 Klöster

Am Grab der Heiligen Thekla im Kloster von Maalula: In der kleinen Kapelle entzünden Pilger Kerzen am Schrein und legen Fürbitte ab.

▲ Geistliche im griechisch-orthodoxen Kloster von Sidnaya. Besonders am Wochenende und an Feiertagen strömen viele Ausflügler zum Kloster, in dem eine Marien-Ikone hoch verehrt wird. ►

sind im Besitz dieser Kirche, so wie das Thekla-Kloster in Maalula. Die griechisch-katholische Kirche spaltete sich im 18. Jahrhundert von den Orthodoxen ab und die 13 Diözesen, die ihr unterstehen, befinden sich hauptsächlich in Syrien, Libanon und Jordanien. Die byzantinische Liturgie wird aber von beiden Kirchen auf Arabisch gefeiert. Überhaupt sind all diese Kirchen arabisiert, die griechisch-orthodoxe Kirche im besonderen Maße vertritt in politischen Fragen einen betont arabischen Standpunkt. Die bis heute in Syrien regierende Baath-Partei wurde 1936 von dem griechisch-orthodoxen Syrer Michel Aflaq gegründet. Außerdem gibt es die syrisch-katholischen und syrisch-orthodoxen Kirchen, die ihren Patriarchensitz in Beirut haben. Es sind jene Christen, die innerhalb des römischen Reiches lebten, die offizielle byzantinische Kirche aber ablehnten. Bis heute haben sie eine eher altertümliche syrisch-aramäische Liturgie bewahrt.

Die armenischen Christen, die vor allem erst nach der Vertreibung aus der Türkei zu Beginn des 20. Jahrhunderts in Syrien anzutreffen sind, sind ebenfalls in verschiedene Gruppen aufgeteilt: In die Mutterkirche mit ihrem Katholikos in Antelias im Libanon, in die armenischen Katholiken mit ihrem Exarchen in Damaskus und in die evangelischen Armenier. Eine sehr kleine Gemeinde bilden noch die Nestorianer, die ebenfalls in eine orthodoxe „Kirche des Ostens" mit ihrem Patriarchen aufgeteilt ist und in eine katholische mit ihrem Katholikos. Damit sind nur die wichtigsten christlichen Gemeinden in Syrien genannt, die sich fast alle auf die Städte Damaskus und Aleppo verteilen, aber auch auf den Süden im Hauran, in kleinen Gemeinden am Euphrat im Nordosten und natürlich im Tal der Christen und in Lattakia.

HÜLSENFRÜCHTE GEGEN DIE KÄLTE

Sidnaya, rund 25 Kilometer nördlich von Damaskus gelegen, ist ein kleiner Ort auf etwa 1.500 Metern Höhe, aber rund 40 Kirchen zeugen von tiefer Religiosität, die inzwischen auch Anziehungspunkt für christliche Flüchtlinge aus dem Irak geworden ist. Es ist Freitag, der wöchentliche Feiertag der Muslime. Wieder vermischen sich christliche und muslimische Ausflügler bei ihrem Besuch des griechisch-orthodoxen Klosters. Diese gewaltige Klosteranlage, die die Stadt mächtig überragt, ist ein modernes Gebäude, soll aber auf einem ursprünglichen sakralen Bau aus dem 6. Jahrhundert gebaut sein. Der Legende nach soll Kaiser Justinian bei der Jagd einer Gazelle gefolgt sein, die sich auf einem Felshügel in eine Ikone der heiligen Jungfrau Maria verwandelte und ihm befahl, an dieser Stelle eine Kirche zu bauen. In der Klosterkirche wird heute die Marien-Ikone hoch verehrt, man glaubt, sie sei eine der vier Ikonen, die der Evangelist Lukas gemalt haben soll. Gut drei Dutzend Ordensschwestern leben hier und kümmern sich um 48 Waisenkinder, allesamt Mädchen, für die sie jeden Tag kochen. Da aber viele Gäste kommen, müssen sie fast jeden Tag über 100 Portionen zubereiten. „Das ist viel", sagt Schwester Fabrunia, „aber wir konzentrieren uns auf einfache Speisen." Fast ausschließlich vegetarisch ist ihr Speiseplan, es wird alles nur gekocht und nicht gebraten und soweit es möglich ist, folgen sie den Jahreszeiten. Gurken, Salate und Auberginen, überhaupt viel Gemüse im Sommer, Kichererbsen, Bohnen, Linsen und eingelegtes Gemüse im Winter. „Der Winter ist bei uns sehr kalt, manchmal liegt der Schnee bis März. Deswegen kochen wir viel mit Hülsenfrüchten, viel mehr als die Leute in Damaskus oder Aleppo, wo es viel wärmer ist", erklärt Fabrunia. Doch Fleisch muss es gerade für die Kinder ab und an auch geben, dann bereiten die Nonnen eine kräftige Suppe mit Lammfleisch oder Hühnchen, oder mit Reis, Lammhack und Pinienkernen gefüllte Teigtaschen und als Nachtisch Blätterteigtaschen mit Rahm. „Darauf freuen sich die Kinder immer ganz besonders", lacht Fabrunia, während sie im Topf auf der großen Steinplatte rührt.

Ein Bildnis der Maria hängt auch bei Salibis im Wohnzimmer, daneben ein Kreuz und darüber ein barockes Gemäldeimitat, auf dem ein alter Herr sich ein Schlückchen gönnt. Salibi ist kein Druckfehler, sondern ein anderer Zweig der Familie Saliba. Nadja Salibi ist eine Cousine zweiten Grades von Hanna und kommt ursprünglich aus Damaskus. Doch ihr Mann Nadir stammt aus Sidnaya, seitdem lebt sie hier mit ihm und ihren Töchtern Rula, Ruba und Salwa. Nadja kocht mit Hanna natürlich die Spezialitäten von Sidnaya und das heißt: viel mit Hülsenfrüchten, vor allem mit Linsen. „Wir sind ja so

Die heilige Thekla schrie in Todesangst, als die Truppen ihres Vaters sie verfolgten. Da spaltete sich der Berg und bot der Königstochter Schutz. An dieser Felsspalte bauten die Bewohner von Maalula ein Kloster.

etwas wie Bergbewohner", sagt Nadja, „und bei denen sind Linsen natürlich beliebt, sie schmecken und geben Kraft, vor allem in den kalten Tagen." Linsen werden in Syrien auch das Fleisch der Armen genannt. Selbst die Bibel berichtet ja davon, wie Esau für einen Teller Linsen sein Erstgeburtsrecht an seinen Bruder Jakob verkauft. Eines der bekanntesten Gerichte ist *Mudschaddara*, Linsen, Burghul und Zwiebeln. „Kniestützen" heißt das Gericht übersetzt und zeigt, wie viel Stärke es verleiht.

Eine weitere Spezialität ist *Rischtaaye*, Linsen mit Reis, Nudeln, Knoblauch, Korianderblättern, Olivenöl, viel Mangold und Zitronensaft. „Damit kannst Du eine Erkältung vergessen!" ruft Ruba dazwischen, während sie Petersilie für den *Tabuule*-Salat hackt. *Tabuule* gibt es das ganze Jahr und überall in Syrien, eine Vorspeisentafel ohne den Petersiliensalat ist undenkbar. Beim Eintopf *Yachnet bi-Hummus* wird Kalbsfleisch mit Linsen und Reis eingekocht; damit er einen besonders intensiven Geschmack bekommt und fettreich wird, werden auch die Knie der Kälber mitgekocht. Ein besonderes Gericht gibt es auch am Tag der heiligen Barbara. Ähnlich wie Thekla wurde auch die heilige Barbara von ihrem Vater verfolgt, weil sie zum Christentum konvertierte. Der Vater schlug ihr daraufhin den Kopf auf einem Weizenfeld ab, ihr Blut floss auf das Korn. „Deswegen gibt es Weizengerichte mit roter Granatapfelsauce", sagt Nadja. Und sie fragt Hanna: „Wusstest Du, dass hier in Sidnaya oft Familien nach bestimmten Gerichten heißen? Es gibt die *Beit Schisch Barak*, die „Familie der gefüllten Klöse", oder *Beit al-Kibbe*, die „Familie der Fleischküchlein"! Das ist lustig, nicht wahr?" Nach einer Pause hält sie kurz inne mit dem Rühren und fragt: „Komisch, warum haben wir eigentlich keinen solchen Namen?" Daran, dass das Essen nicht schmecken würde, kann es nicht liegen. Zum Essen treffen wir uns im Wohnzimmer, die Kronenkorken der Bierflaschen ploppen, der Fernseher läuft im Hintergrund und wir stellen fest, dass Winterrezepte auch hervorragend schmecken, wenn draußen die Luft flimmert anstatt zu gefrieren. Und noch etwas fällt mir auf: Auf einem kleinen Beistelltisch stehen viele kleine Fläschchen herum. „Das sind Likörfläschchen", sagt Nadir, Nadjas Ehemann. „An Ostern und Neujahr pflegen wir Christen eine schöne Tradition: „Drei Tage lang gehen wir Männer von Familie zu Familie und zu Freunden, um Glückwünsche auszusprechen. Dann gibt es immer Schokolade und Likör." Kein Wunder also, dass die Likörgläschen sehr klein sind, denn Familien und Freundeskreise sind groß in Syrien. „Das kenne ich aus meiner Familie auch", erinnert sich Hanna. „Mein Vater hat die Schokolade für uns Kinder immer gesammelt – aber den Likör hat er natürlich selbst getrunken."

Bei Salibis in Sidnaya gibt es im Winter vor allem Gerichte mit Hülsenfrüchten. Nadja Salibi und Tochter Ruba erklären, worauf es dabei besonders ankommt.

Rischtaaye | Linseneintopf mit Nudeln und Mangold

Zutaten

200 g Tellerlinsen
50 g Langkornreis
60 g Bandnudeln (Fettuccine)
3 mittelgroße Mangoldblätter
4 EL Zitronensaft
6 EL Olivenöl
1 TL Knoblauch, gepresst
1 Bund Koriandergrün, fein gehackt
2 EL Koriandersamen, zerstoßen
Salz

Zubereitung

Die Tellerlinsen in 2 Liter kaltem Wasser zum Kochen bringen und ohne Deckel 10 Minuten kochen, dann den Reis und 2 Teelöffel Salz zugeben und für weitere 10 Minuten kochen. Die Bandnudeln in ca. 2 Zentimeter lange Stücke brechen, der angegebenen Garzeit entsprechend kochen und zu den Linsen geben. Den weißen Strunk aus den Mangoldblättern herausschneiden. Die grünen Teile in ca. 1 Zentimeter breite Streifen schneiden und für die letzten 3 Minuten mitköcheln lassen. Mit Salz und Zitronensaft abschmecken.

Olivenöl erhitzen, Knoblauch darin anschwitzen, Koriandergrün und -samen untermengen und alles über die Linsen geben. Gut verrühren und servieren. Je nach Belieben kann man noch zusätzlich Zitronensaft drüberträufeln.

Klassische Eintöpfe wie diesen kennt man in Syrien kaum. *Rischtaaye* ist eine Ausnahme, die vor allem in den Bergregionen bei Maalula und Sidnaya verbreitet ist, wo die Winter so kalt sein können, dass mehrere Wochen Schnee liegt. *Rischtaaye* gibt dann die notwendigen Reserven gegen die Kälte und drohende Erkältungen. Außerdem ist es zusammen mit den gefüllten Mangoldblättern (siehe S. 173) eine beliebte Speise für die fleischlose christliche Fastenzeit.

Perlhuhn mit Thymian-Zitronen-Sauce

Zutaten

1 Perlhuhn (ca. 1 kg), Flügel entfernen
2 Knoblauchzehen, halbiert

2 TL Salz
2 TL Sumak (siehe Glossar)
Schale von 1 unbehandelten Zitrone
4 Thymianzweige, von 2 Zweigen Blättchen abgezupft und grob gehackt
4 EL Olivenöl
1 unbehandelte Zitrone, in Scheiben geschnitten
100 g Zwiebeln, in grobe Würfel geschnitten

Thymian-Zitronen-Sauce
1 Knoblauchzehe, geschält und in Scheiben geschnitten
200 g Zwiebeln, in Ringe geschnitten
3 EL Olivenöl
2 EL Zitronensaft
200 g Tomaten, in grobe Würfel geschnitten
8 Pimentkörner
2 Lorbeerblätter
700 ml Geflügelfond
½ Zitrone, Schale abgerieben
2 Thymianzweige, Blättchen abgezupft und grob gehackt
1 TL Honig
Salz

Zubereitung

Perlhuhn mit Knoblauchzehen einreiben, aus Salz, Sumak, Zitronenschale, Thymianblättchen und 2 Esslöffel Olivenöl eine Paste machen und damit ebenfalls das Perlhuhn innen und außen einreiben. Mit den beiden verbliebenen Thymianzweigen, Zitronenscheiben und Zwiebelwürfeln füllen. Die Keulen an den Körper binden und in einer Saftpfanne bei 200 °C im Backofen für 40 Minuten garen. Herausnehmen, etwa 5 Minuten ruhen lassen und tranchieren.

Für die Sauce Knoblauch und Zwiebeln in heißem Olivenöl glasig anschwitzen. Tomaten mit Pimentkörnern, Lorbeerblättern und etwas Salz dazugeben, weiter kurz anschwitzen und mit Geflügelfond ablöschen. Ohne Deckel für etwa 30 Minuten reduzieren. Zitronenschale und die Hälfte der Thymianblättchen dazugeben und kurz aufkochen. In einen kleinen Topf passieren und Honig einrühren. Aufkochen lassen, Zitronensaft und restliche Thymianblättchen einrühren.

Thymian-Zitronen-Sauce auf Teller verteilen, tranchierte Perlhuhnteile darauflegen und mit Fadennudeln-Burghul (siehe Grundrezept) servieren.

Gefüllte Mangoldblätter

Zutaten

20 Mangoldblätter (ca. 1,5 kg)

100 g Kichererbsen, 24 Stunden in kaltem Wasser eingeweicht (oder aus der Dose)
200 g Tomaten, fein gewürfelt
½ Bund glatte Petersilie, fein gehackt
100 g Zwiebeln, in sehr feine Würfel geschnitten
150 g Basmatireis
2 EL Zitronensaft
½ TL Piment, fein gemörsert
Olivenöl
Salz

Vinaigrette
2 Knoblauchzehen, gepresst
2 TL Paprikapulver
2 EL Olivenöl
1 TL Zitronensaft

Zubereitung

Die Haut von den Kichererbsen pulen und in frischem Wasser kochen, bis sie weich sind. Kochwasser abgießen. Weiße Strünke aus den Mangoldblättern herausschneiden (Strünke aufheben!), ganz kurz in kochendem Wasser in einem großen Topf blanchieren. Tomaten, Petersilie und Zwiebeln mit Basmatireis mischen. Zitronensaft, Piment, Salz, Olivenöl und Kichererbsen dazugeben und sehr gut vermischen. Die Mangoldblätter einzeln ausbreiten, jeweils mit etwas Reismischung belegen, seitlich einschlagen und lose zusammenrollen, damit der Reis noch Platz zum Quellen hat.

Den Boden einer großen Pfanne mit hohem Rand mit den Mangoldstrünken auslegen. Mangoldröllchen darauf aneinander legen. Mit einem Teller in der Größe der Pfanne beschweren, mit so viel leicht gesalzenem Wasser aufgießen, dass die Röllchen gerade bedeckt sind. Das Ganze zum Kochen bringen und ca. 25 Minuten köcheln lassen. Vom Herd nehmen und etwa 2 Minuten ziehen lassen. Für die Vinaigrette alles gut vermischen, über die Mangoldröllchen geben und servieren.

Gefüllte Mangoldblätter sind zusammen mit dem Linseneintopf *Rischtaaye* (siehe S. 168) eine beliebte Speise für die fleischlose christliche Fastenzeit.

Lammfilet in süßem Paprika

Zutaten

4 gelbe Carli-Paprika (hellgrüne Spitzpaprika)
1 Knoblauchzehe, gepresst
1 EL Olivenöl
je 1 rote und grüne Paprikaschote
8 Lammfilets (ca. 500–600 g)
Butterschmalz
Salz, Pfeffer

Sauce

1 große rote Paprika
Saft von ½ Limette
1 EL Olivenöl
1 TL Muskatnuss, gemahlen
1 TL Salz

Zubereitung

Die gelben Carli-Paprika längs aufschneiden und die Kerne entfernen. Knoblauch mit dem Olivenöl mischen, die gelben Paprika damit einpinseln und 12 Stunden ziehen lassen. Rote und grüne Paprikaschoten in je 4 Ringe schneiden und im auf 200 °C vorgeheizten Backofen leicht anbräunen. Lammfilets salzen und pfeffern, in Butterschmalz von allen Seiten anbraten, in die gelben Paprika füllen und die grünen und roten Paprikaringe darüber legen. Noch einmal im Backofen ca. 4 Minuten garen lassen.

Für die Sauce Paprika säubern, in Stücke schneiden und in etwas Salzwasser weich kochen. Mit Limettensaft, Olivenöl und Muskat pürieren, abschmecken und um die Lammfilets träufeln. Dazu passt Fadennudel-Basmatireis (siehe Grundrezept) sehr gut.

Kataaif | Pfannküchlein mit Walnüssen

Zutaten

Teig
2 Eier
450 ml Milch
200 g Mehl
½ Packung Trockenhefe
1 Prise Backpulver

Füllung
200 g Walnüsse, gehackt
30 g Puderzucker
3 TL Rosenwasser

500 ml Wasser
250 g Zucker

Zubereitung

Aus den Zutaten einen Teig herstellen und 1 Stunde ruhen lassen. Wasser mit Zucker etwa 15 Minuten lang zu einem Sirup einkochen. Die Walnüsse mit Puderzucker und Rosenwasser mischen. In einer heißen beschichteten Pfanne ohne Fett aus dem Teig kleine runde Crêpes backen (ca. 10 Zentimeter ø und ca. ½ Zentimeter dick), mit der Walnussmischung füllen und wie eine Tasche zusammenklappen. Mit dem Zuckersirup übergießen und warm servieren.

Obwohl der Teig sehr einfach zuzubereiten ist, macht sich fast keine syrische Hausfrau oder kein Hobbykoch die Mühe. Man kauft die Pfannküchlein – meist kiloweise – fertig beim *Kataaif*-Bäcker, der sich darauf spezialisiert hat. *Kataaif* mit Walnüssen ist ein Klassiker in ganz Syrien. Beliebt bei Groß und Klein sind aber auch andere Beläge wie Schmelzkäse oder Marmelade. Als eine Art Beilage passen grüne eingelegte Walnüsse, die auch in Syrien eine Spezialität sind.

PALMYRA

Datteln für die Königin der Wüste

تدمر

Trockene Landschaften. Doch an den flachen Berghängen des *Dschabal Muntar* ergießen sich im Winter die Regenwolken in die ausgemergelten Täler.

Es ist nur eine Münze, kaum größer als ein 50-Cent-Stück. Einziges bildliches Zeugnis einer Frau, um die sich aufregende Legenden woben. Über ihre Schönheit, ihre Intelligenz, gepaart mit Kühnheit, aber auch mit Dreistigkeit. Denn wer wagt es, noch dazu als Frau vor fast 2.000 Jahren, den römischen Kaiser herauszufordern? Königin Zenobia sah darin kein Problem. Schließlich war sie die Herrscherin über ein Reich, das mitten in der syrischen Wüstensteppe, auf halbem Wege zwischen Euphrat und dem Mittelmeer gelegen, für mehrere Jahrhunderte eine der wichtigsten Karawanenrouten kontrollierte und Handel betrieb mit den Römern im Westen und den Persern im Osten. Gehandelt wurden nicht nur Gewürze, Indigo, Purpurwolle, Edelsteine, sondern vor allem kostbare Stoffe. Palmyra, die wichtigste Stadt dieses Reiches, eine Oase, umgeben von ausgedehnten Obst- und Palmenhainen, war Teil der Seidenstraße. Die Palmyrener, arabische Beduinen, die sich irgendwann im Laufe des 1. Jahrtausends vor Christus an dieser Oase niederließen, waren sich der Bedeutung ihrer Stadt bewusst; sie protzten mit Stolz und Reichtum, indem sie Palmyra prächtig ausbauten, nach römischen und altorientalischen Vorbildern. Die Stadt sollte bald mehreren zehntausend Bewohnern Platz bieten. Mitten in der Wüste. Und die Herrscherin eines solchen Reiches sollte Rücksicht nehmen auf den römischen Kaiser, der weit ab vom Geschehen in Rom weilte und sich vielleicht allenfalls an Palmyra erinnerte, wenn er ein paar Datteln verspeiste? Sie hätte es tun sollen.

Die kostbaren Waren wurden zunächst auf Eseln transportiert, so war man auf Handelsrouten entlang von Wasserwegen und auf einigermaßen gängiges Gelände angewiesen. Mit dem robusten und genügsamen Kamel, das zu Beginn des 1. Jahrtausends vor Christus domestiziert wurde, eröffneten sich ganz neue Wege. Nun konnte man mitten durch die unbarmherzige Wüste ziehen, das sparte Zeit. Geld nicht unbedingt, denn Palmyra verlangte von den Händlern, die hier ihre Waren handelten oder einfach nur rasten, ordentlich Zölle. Dann ging es weiter in den Westen nach Damaskus oder in den Osten zur sassanidischen Stadt Ktesiphon, wo die Waren erneut umgeschlagen wurden. Die Reisen waren beschwerlich, aber profitabel.

Heute gibt es keine Karawanen mehr, Kamele sieht man selten, und wenn, dann sind es Rennkamele oder Tiere für die Schlachtung. Als Transporttier hat der arrogant dreinschauende Schwielensohler schon lange ausgedient. Busse und LKWs haben den Transport übernommen, wenig romantisch zwar, dafür schneller und bequemer. Überhaupt ist das Reisen heute weitaus weniger beschwerlich. Wir fahren zwar früh von Damaskus los, um die wohlige Kühle des Morgens genießen zu können, aber wird es zu heiß, schließen wir einfach die Fenster und drehen den Regler der Klimaanlage ein wenig höher. Bereits nach einer knappen Stunde Fahrt biegen wir von der Nordsüd-Autobahn in Richtung Osten ab und die fruchtbaren Ebenen des *Dschabal ar-Ruwaaq* verwandeln sich zunehmend in trockene, öde Landschaften, die als Steppenwüste etwa sechzig Prozent des Landes bedecken. Die Straßen ziehen sich schnurgerade in immer trockenere Gebiete. Man passiert die Kreuzung, an der es links Richtung Hama, die Stadt der Wasserräder, geht und rechts nach Bagdad. Irakische Lastwagen sieht man nun häufiger, ebenso irakische Taxis, die nicht nur durch ihre charakteristische weiß-orangefarbene Bemalung auffallen, sondern auch durch ihre hochgebockte Hinterachse am Kofferraum, unter dem ein überdimensionaler Tank hängt. Darin schwappt billiges Benzin aus dem Irak, das sich in Syrien gut verkaufen lässt.

Langsam kommen die flachen Bergzüge des *Dschabal Muntar* ins Blickfeld. Die Luft flimmert, eine Herde von Schafen ergattert dennoch ein paar Halme undefinierbares Grün, das der letzte Regen hat gedeihen lassen. Diese Ödnis kann zu einem blühenden Garten erwachen, wenn im Winter die Winde des Mittelmeeres Regenwolken durch die Homs-Senke treiben, diese sich an den Hängen des *Dschabal Muntar* festsetzen und schließlich auf den ausgemergelten Boden ergießen; diese plötzlichen Fluten lassen innerhalb weniger Tage die ausgetrockneten Flussbette, die *Wadis*, die die ganze Landschaft

► Majestätisch: Säulen der Kolonnadenstraße der Oasenstadt Palmyra.

◄ Ausgetrocknet: Eine Herde von Schafen findet nur noch ein paar Halme undefinierbares Grün.

durchziehen, zu reisenden Flüssen werden und die Steppe mit Kräutern und Blumen erstrahlen. Nach wenigen Wochen jedoch, oftmals nach wenigen Tagen, ist das bunte Mosaik wieder verschwunden. Heute ist die Luft so heiß und trocken, dass der Gedanke an einen Garten Eden in ferne Welten entschwunden ist. Zeit also für eine Rast. Das berühmteste Café auf dieser Strecke heißt nahe liegend „Bagdad-Café". Hier serviert Mahmud inmitten nützlicher und weniger nützlicher Souvenirs ein köstliches Frühstück mit Rührei, frischem Gemüse, ein paar Oliven und Schafskäse, Tee mit frischer Minze. Es gibt doch ein Stück Garten Eden.

STADT DER PALMEN

Endlich, die Stadt der aufmüpfigen Königin zeichnet sich langsam am Horizont ab. Durch die flimmernde Luft in Unschärfe getaucht, kommen erste Grabtürme, Säulen, Mauerreste in Sicht. Wir fühlen uns an den deutschen Archäologen Theodor Wiegand erinnert, der sich 1917 voller Ehrfurcht den Ruinen näherte und an seine Frau Marie schrieb: „Palmyra ist die größte heroische Landschaft, die ich je gesehen habe. Nichts stört den Anblick. Kommt man von ferne, so fallen die langen Reihen der Säulenstraßen [...] auf, jemand sagte, es sehe aus wie viele hochbeinige weidende gelbe Tiere." Zunächst passieren wir die Efqa-Quelle, die ebenfalls durch die Regenfälle gespeist wird und der Palmyra seine Existenz verdankt. Über 50.000 Palmen, Granatapfel- und Ölbäumen spendet sie Leben. Doch die Quelle versiegt. Für Touristen ist Palmyra ein Highlight auf ihrer Reise durch Syrien, so zapfen die Hotels die Grundwasservorräte an. Nur noch etwa 20 Brunnen versorgen die Stadt und die Oase, erst zwischen 80 und 100 Metern stößt man auf Wasser. „Das ist ein Problem", sagt Muhammad Tadmuri, der in Palmyra geboren und aufgewachsen ist. „Wir müssen immer tiefer graben und die Regenfälle werden immer weniger." Seit seinem zehnten Lebensjahr arbeitet der 38-jährige Muhammad im Restaurant von Abu Omar, kennt jeden Reiseleiter und weiß, was die Touristen wünschen. Aber vor allem ist er Palmyrener, seine Liebe zur Wüste ist ungebrochen. Er hat seiner Mutter erzählt, dass wir auf kulinarischer Spurensuche sind. So hat sie uns eingeladen, um für uns mit dem zu kochen, was es in Palmyra millionenfach zu geben scheint: Datteln.

Die Palmyrener nennen ihre Stadt noch immer nach dem alten aramäischen Wort Tadmur. Deren genaue Wortbedeutung ist unbekannt,

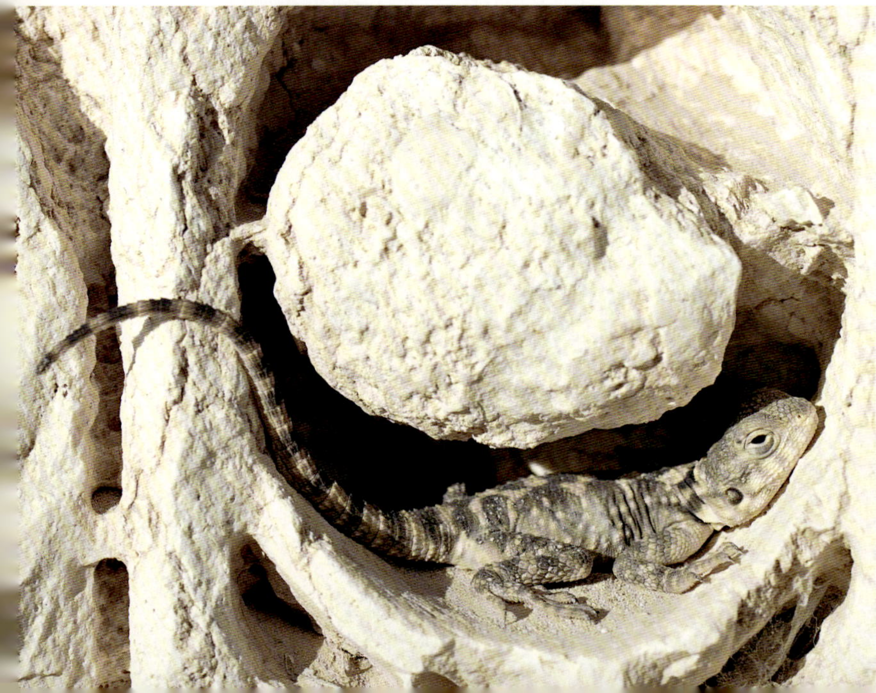

doch eventuell versteckt sich darin das arabische Wort *tamr* für Dattel. Die Römer nannten die Stadt Palmyra, die ‚Stadt der Palmen'. Wir machen uns auf den Weg zu Muhammads Mutter. „Aber nehmt Euch in Acht", ruft uns Muhammad lachend hinterher, „sie ist eine Respektperson!" Als wir durch die Palmengärten laufen, die Hitze den Staub jedes Schrittes leicht aufwirbelt und uns die Kehlen dürsten lässt, stehen wir zunächst vor einem kleinen Tor, dahinter ein schöner Garten. Muhdie Muhammad Mahmud, Muhammads Mutter, ruft uns mit einem lauten „*Ahlan! Ahlan!* Willkommen! Willkommen!" herein. Und sogleich wissen wir, was Muhammad meinte. Muhdie kommt uns mit energischem Schritt entgegen, weist uns, näher zu kommen. Sie trägt ihr Kopftuch akkurat um das Gesicht gebunden, ihre Gesichtszüge zeigen Entschlossenheit, eine gewisse Strenge, aus der Erfahrung spricht. Die Hand möchte sie uns zur Begrüßung nicht geben. „*Affuan!*", sagt sie, „Verzeiht bitte! Aber Allah hätte etwas dagegen, einem fremden Mann die Hand zu geben."

Während Muhdie uns Tee einschenkt und damit beschäftigt ist, mit Olivenholz ein Feuer zu entfachen, kämpft Ahmed, ihr zweitjüngster Sohn, verzweifelt damit, einen kleinen Damm zu flicken. Wasser für die Bewässerung wird über kleine Lehmkanäle im Boden von Garten zu Garten geleitet, die Zuteilung regelt die Gemeinde, ein Aufseher wacht darüber. „Aber immer wieder schlagen die Kanäle Leck", klagt Ahmad, der inzwischen von oben bis unten durchnässt ist. „Aber die kleine Abkühlung tut gut!" lacht er. Muhdie legt den *Saadsch*, ein konkav geformtes Backblech, auf das Feuer und prüft die Hitze mit ein paar Tropfen Wasser. Nun gibt sie etwas Olivenöl darauf, wirbelt mit geschickten Bewegungen den vorbereiteten Brotteig durch die Luft, bis große flache Fladen entstehen und wirft sie auf den *Saadsch*. Es ist heiß, die alte Frau schnauft. Sieben Söhne und eine Tochter hat sie großgezogen, erzählt sie. „Alle wohl gediehen, *Alhamdulillah*, Gott sei Dank!" Außerdem, erzählt sie weiter, während sie einen neuen Brotfladen durch die Luft wirbelt, sei das Leben ja auch einfacher geworden: „Früher mussten wir Öl und Mehl selbst machen, jetzt kann man alles kaufen." Nachdem die Brote gebacken sind, stellt sie einen Kupferkessel auf das Feuer und backt in heißem Fett *Sambusak*, Dattelteigtaschen. „Der Kupferkessel ist ein Erbstück", sagt Muhdie stolz, „mindestens 150 Jahre alt!"

Ahmad hat inzwischen das Leck geflickt, ein wenig hilft er seiner Mutter beim *Sambusak*-Backen und erzählt uns dabei, dass er vor ein paar Jahren zu einem Kamelrennen in Segeberg bei Hamburg eingeladen war. „Ich reite seit ich laufen kann auf Kamelen. Ich bin sehr gut! Deswegen war ich der offizielle Vertreter Syriens. Das hat Spaß gemacht." Ahmad schaut in die Zweige der weiblichen

► Eine Respektperson: Muhdie beäugt kritisch, wie ihr Sohn die Dattelpaste in der Pfanne rührt.

◄ ▲ Männliche Pollen hängen in den weiblichen Blüten.

◄ Kochen unter Palmen.

▼ Ein Gecko sucht in einem römischen Fries Schatten.

Dattelpalmen, ob die Pollen noch gut hängen. Eine Palme trägt entweder weibliche Blüten oder männliche Pollen. Wenn der Wind die Bestäubungsfunktion übernehmen soll, dann müssen in einem Dattelpalmenhain in etwa die gleiche Menge fruchttragende weibliche wie fruchtlose männliche Palmen stehen. Da das zu unwirtschaftlich erschien, ging man schon vor Jahrtausenden dazu über, die Pollen mit der Hand in die weiblichen Blüten einzubinden, sodass eine männliche Palme auf 50 weibliche Palmen kommt. Nach acht bis zehn Jahren tragen die Bäume die ersten Früchte, im November und Dezember wird geerntet, bei einer guten Saison können es bis 60 Kilo Datteln pro Baum sein. Während Muhdie als weitere Variation nun ein Rührei mit klein geschnittenen Datteln brät, erklärt sie: „Die Dattel verliert durch den Kochvorgang nicht ihren Geschmack, im Gegenteil, sie gewinnt eher noch an Süße." Außerdem sind sie sehr nahrhaft, schon der Prophet Muhammad soll von ihnen geschwärmt haben. Auch in der Sprache hat sich die Dattel verewigt. „Möge der Morgen sein wie Datteln und Milch" ist ein beliebter Morgengruß, den man mit Wünschen wie „Möge der Morgen duften wie Jasmin" erwidert. Und Datteln sind im Alltag die Bonbons der armen Leute, einige Stämme mahlen die Kerne und backen daraus Brot. Wie variantenreich und lecker sich mit Datteln auch noch kochen lässt, davon hat uns Muhdie überzeugt.

Zum Abschluss sitzen wir auf der Terrasse des Hotels, das nach Zenobia benannt ist, gönnen uns einen Humpen kühles Barada, süffiges syrisches Bier, blicken über die vor uns liegenden majestätischen Ruinen. Beobachten, wie die untergehende Sonne immer längere Schatten hinter die Säulen wirft und fragen uns, ob Zenobia diesen Anblick einst auch so genossen hat, vielleicht auch mit einem Bier, das ja schon im Alten Orient bekannt war? Ach ja, die Königin! Zenobia soll ja schon bei der mysteriösen Ermordung ihres Mannes Odainath ihre Finger im Spiel gehabt haben. Ehrgeizig war sie schließlich, obwohl sie nur gute drei Jahre regierte; es hätte auch länger sein können. Doch als sie nicht nur ihr Territorium immer weiter ausdehnte, sondern sich auch noch Augusta, Kaiserin, nennen ließ, wurde es dem echten Kaiser Aurelian in Rom zu bunt. Im Jahre 272 schickte er Truppen, um die Aufmüpfige zur Räson zu bringen, machte aber kurzen Prozess, indem er die Mauern Palmyras schleifen ließ. Königin Zenobia wurde nach Rom geführt, auf dem Weg dorthin aber starb sie. Durch Erschöpfung, durch Selbstmord? Oder kam sie nicht doch in Rom an und führte fortan ein königliches Leben, nur ohne Königreich? Oder war sie geflohen, nach Osten in das persische Reich, zum Intimfeind der Römer? Wir werden es nie erfahren. Die Legenden halten alles für sie bereit.

„Palmyra ist die größte heroische Landschaft, die ich je gesehen habe. Nichts stört den Anblick. Kommt man von ferne, so fallen die langen Reihen der Säulenstraßen auf, jemand sagte, es sehe aus wie viele hochbeinige weidende gelbe Tiere.“

Datteln aus der Oase | Sambusak und Dattelspiegeleier

Zutaten

Sambusak (gefüllte Teigtaschen)

½ TL Trockenhefe
150 g Roggenmehl
Pflanzenöl
100 g getrocknete Datteln, entkernt und zerhackt
½ TL gemahlene Nelken
½ TL Cayennepfeffer
1 EL Limettensaft
½ TL Salz

Dattelspiegeleier

3 getrocknete Datteln ohne Kern
Ghee (geklärte Butter)
Butter
2 Eier
etwas gemahlener Piment
Salz, Pfeffer

Zubereitung

Sambusak

Für die Sambusak Trockenhefe in 100 Milliliter lauwarmem Wasser glatt rühren, mit Mehl und Salz zu einem Teig verarbeiten. Mit einem Tuch abdecken und 30 Minuten gehen lassen. Hände mit Öl einreiben und die Datteln zu einem glatten Teig bzw. einer Paste kneten, dabei immer wieder die Hände mit Öl bestreichen. Mit Nelken, Cayennepfeffer und Limettensaft würzen. Hefeteig dünn ausrollen, mit einer runden Form Kreise von ca. 6 Zentimeter Durchmesser ausstechen, mit etwas Dattelpaste belegen, zusammenklappen und die Ränder festdrücken. Pflanzenfett in einer Kasserolle erhitzen, die Sambusak goldbraun frittieren und noch warm servieren.

Dattelspiegeleier

Die Datteln längs in Streifen schneiden und in einer Pfanne mit Ghee und frischer Butter auf kleiner Flamme *(Naar Chafife)* leicht anbraten und herausnehmen. Die Datteln müssen den Geschmack der Butter aufnehmen. Zwei Eier in der gleichen Pfanne aufschlagen, stocken lassen, mit Salz, frischem Pfeffer aus der Mühle und Piment würzen und die angebratenen Datteln darübergeben.

Als zusätzlichen Pep empfiehlt Hanna Saliba, etwas Harissa über die Dattelspiegeleier zu geben. Meine Empfehlung: Kurz vor dem Herausnehmen aus der Pfanne ein paar Tropfen Granatapfelsirup darüberträufeln!

Rehrücken auf Nelken-Dattel-Sauce

Zutaten

ca. 800 g ausgelöster Rehrücken (brutto ca. 1,2–1,5 kg),
Karkassen in walnussgroße Stücke gehackt

Nelken-Dattel-Sauce

Knochen aus dem ausgelösten Rehrücken
3 mittelgroße Knoblauchzehen, in der Schale leicht angedrückt
300 g Zwiebeln, grob gewürfelt
250 g Karotten, grob gewürfelt
400 g Sellerie, grob gewürfelt
50 g Tomatenmark
½ Zimtstange
15 ganze Nelken
1 Lorbeerblatt
2 EL Mehl
½ l Rotwein
100 g Datteln ohne Kerne (am besten die Sorte Medjool), in Stücke geschnitten
Olivenöl
Salz, Pfeffer

Zubereitung

Für die Sauce in einem breiten Kochtopf etwas Olivenöl erhitzen, die Knochen darin anrösten, bis sie Farbe bekommen haben, Knoblauch, Zwiebeln, Karotten und Sellerie dazugeben und weiter anrösten, bis auch das Gemüse Farbe bekommen hat. Tomatenmark, Zimt, Nelken und Lorbeerblatt untermengen. Nach ca. 2 Minuten das Mehl dazugeben und gut unterrühren. Mit Rotwein und 3 Liter Wasser ablöschen und etwa 2 Stunden ohne Deckel auf ein Drittel einkochen lassen. Nach ca. 90 Minuten 30 Gramm Datteln dazugeben und mitkochen lassen. Durch ein feines Sieb in einen kleinen Topf passieren, würzen, restliche Datteln untermengen und weiter einkochen lassen.

Rehrücken salzen und pfeffern, in heißem Olivenöl anbraten und nach ca. 2 Minuten wenden. Nach weiteren 2 Minuten im auf 200 °C vorgeheizten Backofen für weitere ca. 6 Minuten garen. Herausnehmen und etwa 2 Minuten ruhen lassen.

Den Rehrücken in Scheiben schneiden, auf der Nelken-Dattel-Sauce anrichten und mit Piment-Zimt-Basmatireis und Gemüse (siehe Grundrezepte) servieren.

Über zweitausend Jahre alte römische Quellen berichten: Als sich die Perser vom Osten her Palmyra näherten, um die bedeutende Karawanenstadt zu erobern, versteckten sich die Bewohner in den Wäldern! Diese sind heute verschwunden, aber es ist gut denkbar, dass sich zu jener Zeit nicht nur Palmyrener in den Wäldern aus Schutz vor Feinden tummelten, sondern auch Rehe …

Lammkeule mit Saliba-Gewürzmischung

Zutaten

1 Lammkeule mit Knochen (ca. 1,6 kg)
6 EL Olivenöl
1 EL Saliba-Gewürzmischung
6 Knoblauchzehen, in Scheiben geschnitten
1 Rosmarinzweig, grob geschnitten
1 Thymianzweig, gezupft
2 EL Salz

Zubereitung

Die Lammkeule überall etwas einritzen. Das Olivenöl und die restlichen Zutaten zu einer Würzpaste mischen, die Keule damit gut einreiben und etwas einmassieren, damit die Gewürze gut einziehen können. Die Keule bei 170 °C im Bräter mit etwas Wasser ca. 2 Stunden garen lassen. In Scheiben schneiden und mit Harissa-Kartoffeln und Schneidebohnen (siehe Grundrezepte) servieren.

Friikeh | Geräucherter Grünweizen mit Hühnchen

Zutaten

3 Hühnerkeulen (ca. 900 g)
1 Zwiebel
4 Lorbeerblätter
1 kleine Zimtstange
20 Pfefferkörner
2 TL Salz
1 TL Orangenblütenwasser
500 g Friikeh (grüner Weizen, im orientalischen Lebensmittelladen zu kaufen)
150 g geschälte Mandeln, in etwas Butterschmalz geröstet
100 g Pinienkerne
Butterschmalz
Wasser
Joghurt

Zubereitung

Die Hühnerkeulen mit Zwiebel, Lorbeerblättern, Zimtstange, Pfefferkörnern, Salz und Orangenblütenwasser in 2 Liter Wasser ca. 40 Minuten kochen. Mit dem Schaumlöffel immer wieder abschöpfen. Die fertigen Hühnerkeulen von Haut, Fett und Knochen befreien und in kleine Stücke teilen, zur Seite stellen. Die Brühe aufbewahren.

Den Friikeh unter fließendem Wasser spülen und dabei die oben schwimmenden Schalen entfernen, gut abtropfen lassen. In 2 Esslöffel Butterschmalz unter ständigem Rühren ca. 5 Minuten rösten, mit 1 Liter der Geflügelbrühe ablöschen und auf kleiner Flamme ca. 30 Minuten köcheln lassen, bis der Friikeh die Brühe vollständig aufgesogen hat. Der Friikeh sollte bissfest sein, gegebenenfalls noch etwas Brühe zugeben. Friikeh auf einem Teller anrichten, Hühnerfleisch darauf verteilen und mit Mandeln und Pinienkernen bestreuen. Traditionell isst man Friikeh mit frischem Joghurt.

Friikeh ist eine Spezialität in Syrien. Dafür wird der Weizen noch grün gepflückt und anschließend geräuchert. Räuchern ist in Syrien allerdings nicht weit verbreitet, außer mit *Friikeh* macht man es noch bei Auberginen für das Püree *Mutabbal* (siehe S. 129), wobei man dabei die Schalen über einer offenen Flamme verbrennt und dabei der Rauchgeschmack in die Auberginen zieht und dem *Mutabbal* seinen typischen Geschmack verleiht. Das klassische Räuchern von Fleisch und Fisch, wie es bei uns üblich ist, kennt man in Syrien nicht.

MESOPOTAMIEN

Trockene Wüstensteppen, fruchtbare
Landstriche an den Ufern des Euphrats

ما بين النهرين

Vielleicht weilte der Dichter Abu Nuwas in Palmyra und saß im kühlen Schatten der Palmen, als er im 8. Jahrhundert schrieb: „Smaragdgrün färben sich die Früchte und man glaubt, kämpfende Widder zu sehen. Wenn der Reisende der Nacht das Sternenbild Canopus in der Morgenröte schimmern sieht, leuchtet das Purpurgold der Datteln wie Hyazinthen in aller Farbenpracht." Doch die Oase der Königin Zenobia mit ihren vielen Dattelpalmen liegt hinter uns und je weiter wir in den Osten nach Deir az-Zor fahren, desto mehr geht die Farbenpracht in eintöniges Einerlei über. Die Straße, die im Volksmund auch die „Lunge des Irak" genannt wird, weil über sie der Warentransport zwischen Syrien und Irak abgewickelt wird, führt schnurgerade weiter in die unwirtliche Wüste. Sie ist keine malerische Wüste mit lang geschwungenen Sanddünen, sondern überwiegend mit Steinen und Kies bedeckt, die die Luft noch staubiger und farbloser erscheinen lassen. Ihre Reize offenbart diese Wüste dennoch. Irgendwann halten wir am Straßenrand, betrachten diese Einöde und kommen mit einem Schäfer ins Gespräch. Die Luft flimmert. Wir fragen den jungen Mann nach der Anzahl seiner Schafe. Eine Antwort darauf sei, so sagt er mit knappen Worten, *Barakat Allah*, ein Segen Allahs, womit er sagen möchte: Man fordere das Glück heraus, wollte man die Anzahl seiner Schafe wissen. „Allah allein weiß es und Allah möge sie vermehren", sagt er und zieht mit seiner Herde weiter.

An einer Abbiegung lesen wir das Schild Bir al-Arak, den Namen eines kleinen Dorfes. Auch dort halten wir für einen Moment und werden sogleich von vielen Kindern umringt, ein paar Männer und Frauen kommen dazu. Abu Hussain, mit 87 Jahren der Älteste des Dorfes, lässt Tee bringen, trotz des Ramadans. „Ihr seid auf Reisen", sagt er, „Ihr wisst, dann müsst ihr nicht fasten." Dass wir auch sonst nicht fasten, verschweigen wir ihm. Auf die Frage, wie viele Kinder er habe, antwortet Abu Hussain mit stolzer Miene: „Bei Allah, ich habe vier Frauen und zehn Söhne." Die Töchter werden nicht gezählt, an die genaue Anzahl seiner Kinder kann er sich ohnehin nicht erinnern. Die Vielehe kommt in Syrien fast nicht mehr vor, denn wenn der Koran einem Muslim auch erlaubt, vier Frauen zu heiraten, so verlangt er ebenso, alle Frauen gleich zu versorgen. Eine Pflicht, die sich heute fast niemand mehr leisten kann. Doch im Osten Syriens ist die Beduinentradition noch weit verbreitet und damit auch die Vielehe.

▼ Zwischen Deir az-Zor und Al-Hassake: „Wir sind eigentlich nur Bauern", sagt Hassan (rechts). ◄ Farbtupfer in der Einöde: Beduinentracht der Frauen, blaue Türen der Lehmhäuser. ▼▼

Abu Hussain und seine Familie waren ursprünglich Beduinen aus Jordanien. Doch als der alte Mann geboren wurde, gab es das heutige Syrien und Jordanien noch nicht, die Region war gerade unter französische und britische Mandatsherrschaft gefallen, die Grenzen waren noch fließend und es gab kein Hindernis für umherwandernde Beduinen. So sind sie irgendwann hier sesshaft geworden.

WANDERSCHAFT PER LKW

Die syrische Wüstensteppe bietet für Beduinen weitaus bessere Lebensbedingungen als beispielsweise die Arabische Halbinsel. Es gibt kaum einen Winter, in dem es nicht wenigstens ein bisschen regnet und zartes Grün sprießen lässt. Regenfälle können bisweilen so heftig sein, dass kleinere Täler, die Wadis, wochenlang mit Wasser gefüllt sind. Am Rande der Wüstensteppe, der *Badiiya*, finden sich Karstquellen, einige Brunnen und auch der Euphrat mit seinem Nebenfluss Khabur sorgen – zumindest entlang der Flüsse – für eine gute Versorgung mit Trinkwasser. So lassen sich die Böden als Weiden für Kamele und Schafe nutzen. Doch Beduinen, von Arabisch *Bedu*, die ständig von Weide zu Weide ziehen, gibt es in Syrien nur noch wenige. Denn mit dem Aufkommen der Nationalstaaten veränderte sich das Leben der Beduinen, plötzlich zogen sie über Grenzen, was einem modernen Staat nicht ins Gefüge passte, zudem hielt man ihre Wirtschaftsform für rückständig. Ein Teil der Beduinen wie der vom Stamm der *Schammar*, die die bekanntesten Kamel-Beduinen waren, aber fanden im Gebiet ihrer Sommerweiden ideale Bodenbedingungen vor und schafften den Wechsel zu sesshafter Landwirtschaft, wo sie im Regenfeldbau Weizen und Gerste anbauen. Als Transporttier hat das Kamel ohnehin ausgedient, es fristet bis auf wenige Ausnahmen nur noch als Fleischlieferant oder Renntier ein eher bescheidenes Dasein. Ein Jammer angesichts der beachtlichen Karriere, die das Kamel hinter sich hat. Irgendwann zu Beginn des 1. Jahrtausends vor Christus wurde es domestiziert, davor war der Esel das bevorzugte Tier für die Handelskarawanen. Der Esel jedoch konnte nur über Stock und Stein, nicht aber durch die Wüste ziehen. Dadurch war man gezwungen, an Wasserstellen, wie etwa an Flüssen, entlang zu ziehen und große Umwege in Kauf zu nehmen. Da musste erst der eigensinnige und oftmals störrische Schwielensohler gezähmt werden, der schwere Lasten bis zu

▲ Freudige Begrüßung im kleinen Dorf Bir al-Arak. ► ▲ Die Herde des Schäfers ist ein „Segen Allahs". ▼ Abu Hussain lässt trotz Ramadan Tee servieren: „Ihr seid auf Reisen, dann müsst ihr nicht fasten."

zweihundert Kilogramm tragen und enorme Strecken durch den Sand stapfen kann, ohne darin einzusinken. Und wenn es alle paar Tage zwischen ein- und zweihundert Liter Wasser bekommt, das es innerhalb weniger Minuten wegsäuft, dann versorgt das Kamel seinen Besitzer und dessen Familie auch noch mit Nahrung und Alltagsgegenständen. Dieser direkte Ertrag bildete die Grundlage der Kamelzucht: Es liefert im Gegensatz zum Kleinvieh das ganze Jahr Milch, die man frisch genießen, in Lederschläuchen transportieren oder gesäuert zu Trockenkäse verarbeiten kann. Sein Verdautes lässt sich im getrockneten Zustand als Brennmaterial einsetzen, sein Urin als Haarwaschmittel und Desinfektionsmittel. Aus seinem Haar kann man Kelimdecken weben oder Seile knüpfen, seine Haut lässt sich zu Satteltaschen, Gürteln oder Sitzkissen verarbeiten und auch sein Fleisch ist genießbar, dass geschmacklich an Rindfleisch erinnert. Kein Wunder, dass die Araber dieses wertvolle Tier *Dschamal* nennen, dessen Grundbedeutung sich von „Schönheit" ableitet. Bei uns ist dieses Wort als „Kamel" angekommen.

Die Beduinengruppen der Schafnomaden waren von den klimatischen und politischen Veränderungen weniger betroffen: Schafe werden immer gebraucht und zwar sehr viele. Während der heißen und trockenen Sommermonate weiden die Tiere auf Brach- und Stoppelfeldern, im Winterhalbjahr auf Teilen der syrischen Wüstensteppe. Gewandert wird aber heute nur noch selten, größere Strecken werden gleich auf der Ladefläche eines LKWs überbrückt, Trinkwasser für die Tiere wird mit Tanklastern mitgeliefert. Rinder gehören übrigens nicht zu den bevorzugten Tieren der Beduinen, da sie viel Wasser verbrauchen und schlecht über längere Distanzen zu treiben sind.

BRÜCKE ZUM ZWEISTROMLAND

Nach vielen Stunden gerader Straße erreichen wir Deir az-Zor, eine Stadt, die am Schnittpunkt zweier uralter Handelsrouten liegt, nämlich jener von Damaskus über Palmyra nach Mosul und jener von Aleppo nach Bagdad. Noch heute ist die Stadt mit ihrem quirligen Suq der zentrale Anziehungspunkt für die ländliche Bevölkerung aus dem Euphratgebiet, für Bauern wie für Beduinen, die hier ihre Waren umschlagen. Deir az-Zor gilt außerdem als die heißeste Stadt Syriens, im Sommer sind Temperaturen um 45 Grad Celsius keine Seltenheit. Hier treffen wir Ahmad, den Kellner aus dem „al-Noufara“ Café in Damaskus, der uns zu Verwandten einlädt. Obwohl sie Muslime sind, hat auch hier jeder seinen eigenen Umgang mit dem Ramadan. Eine Cousine Ahmads ist schwanger und fastet deswegen natürlich nicht, die Kinder sowieso nicht und da auch alte Menschen von der Pflicht zum Fasten ausgenommen sind, bleibt eigentlich nur die Frau des Hausherrn Dschadu'a Saleh Habib. Wir sind im Osten, auch er hat vier Frauen. Miyade, seine dritte, jüngere Frau, kocht die Spezialität, die man eigentlich in ganz Syrien schätzt, von der Miyade aber behauptet, dass sie in Deir az-Zor am besten schmecken würde: Okraschoten, auf Arabisch *Bamie*. Okra, ein Malvengewächs, das ursprünglich aus Äthiopien kommt, ist eine der ältesten Kulturpflanzen, die man schon vor Jahrtausenden in Ägypten am Nil und am Euphrat im Alten Orient kannte. Das ist wahrscheinlich der Grund, warum die Bewohner des Euphratgebietes überzeugt sind, dass ihre Okraschoten von besonderer Qualität sind. Da Okra beim Kochen eine schleimige Substanz abgibt – die sich auch zum Eindicken von Speisen eignet – kappt Miyade die Spitzen und die Stielansätze und blanchiert die Schoten ein paar Minuten in Salzwasser. Außerdem kocht sie die Okraschoten bei *Naar Chafife* mit verschiedenen Gewürzen, viel frischen Tomaten und Lammfleisch, sodass es zu einer Art Eintopf einkocht. Die besondere Spezialität in Deir az-Zor ist, den Eintopf auf kleingerissenes Fladenbrot zu

betten. Dazu trinkt man das erfrischende Joghurtgetränk Ayran und isst grüne, frische Paprika dazu. Abgeschmeckt hat das Essen aber Hanna, denn da Miyade fastet, probiert sie auch nicht.

Nach dem Essen fahren wir zum Wahrzeichen von Deir az-Zor, einer von den Franzosen 1931 erbauten Hängebrücke, die nur für Fußgänger, Fahrräder und knatternde Motorräder zugelassen ist. Dort fließt er, der behäbige Euphrat, der in der Osttürkei entspringt, auf rund 700 Kilometern durch Syrien strömt, um sich nach insgesamt 2.700 Kilometern am Schatt Al-Arab im Irak mit dem Tigris zu vereinen und in den Persisch-Arabischen Golf zu münden. Ein Spaziergang über die Brücke führt auf die andere Seite des Flusses und damit nach Mesopotamien, in das Land „zwischen den Flüssen" Euphrat und Tigris, die folgerichtig von den Syrern *Dschezire*, die Insel, genannt wird. Im Alten Testaments heißt es: „Und es ging aus von Eden ein Strom, den Garten zu bewässern, und teilte sich von da an in vier Hauptarme ..." Zwei dieser Hauptarme sind Euphrat und Tigris, für die Bewohner dieser eher unwirtlichen Landschaft war Mesopotamien damit das Land, in dem Milch und Honig fließen, es war das „Paradies in Eden", wie es in der Bibel weiter heißt. Auch im Koran kommt der Euphrat, auf Arabisch *Al-Furat* genannt, mehrfach vor, allerdings als Adjektiv mit der Bedeutung „süß" oder „frisch" im Gegensatz zum salzigen Meer: „Und Gott ist es, der die beiden großen Wasser hat strömen lassen, das eine, das süß und frisch schmeckt, und das andere, das salzig ist und (auf der Zunge) brennt." Wenig verwunderlich, dass diese fruchtbare *Dschezire* Geburtsstätte bedeutender Zivilisationen wurde. Hier siedelten Sumerer und Akkader, Babylonier und Assyrer, die Städte Babylon und Ur lagen am Euphrat und über Jahrhunderte hinweg bildete dieser Fluss die Ostgrenze des römischen Herrschaftsgebiets. Zu Füßen der Hängebrücke befinden sich ein paar Restaurants, in denen man neben herrlichen *Mazza*, den Vorspeisen, auch einen kühlen Araq genießen kann. Besonders vielversprechend nennt sich eines der Restaurants *Asch-Schati' al-Azzraq*, „die blaue Küste", das wir natürlich deswegen für unseren Sundowner auswählen.

AUBERGINEN – EIN SCHEIDUNGSGRUND

Wir verlassen die Ufer des Euphrats und befinden uns auf „der Insel" in Richtung Nordosten nach Al-Hassake. Ein Großteil der Strecke führt unweit des Khaburs entlang, einer der wichtigsten Zuflüsse des paradiesischen Flusses. Nach einer Weile machen wir eine Teepause an einer kleinen Raststation, die von Hassan betrieben wird. „Damit verdienen wir uns ein bisschen was dazu, denn eigentlich sind wir Bauern", sagt er, der mit seinen markanten Gesichtszügen, seinem

◄ Dschadu'a Saleh Habib mit seiner kleinen Enkeltochter.

▼ Miyade kocht mit dem, was in Deir az-Zor besonders beliebt ist: Okraschoten.

▼ In der *Dschezire* leben viele Assyrer. Ihr Oberhaupt ist Mor Eustathius Matta Roham, Erzbischof der ‚Dschezire und des Euphrats'.
▼▼ Kleine Bäckerei am Straßenrand von Deir az-Zor.

vollen grauen Bart und seiner tiefen Stimme einen wunderbaren Part in einem syrischen Historienfilm übernehmen könnte. Viel Gemüse pflanzen sie an, erzählt Hassan, im Sommer vor allem *Bamie*, Zucchini, Auberginen und Tomaten, im Winter das Korn, weswegen sie es auch *Schit'iye* nennen, das „Winterliche". Die Häuser sind wie häufig in dieser Region aus Lehm gebaut, Farbtupfer bringen die weiß bemalten Fenster und blauen Türen. Und besonders die bunten Kleider der Frauen und Mädchen, die der Tracht der Beduinen entsprechen, bilden einen angenehmen Kontrast. Obwohl ihre kleine Raststation und ihr Wohnhaus direkt neben der Straße liegen, haben sie ihre Metallbetten im Freien stehen. Im Sommer wird es unerträglich heiß, nachts hält man es dann nur draußen aus, erzählt Hassan: „Da haben wir manchmal 70–80 Grad." 70–80 Grad?! „Oh ja!"

Schließlich erreichen wir al-Hassake, eine in den letzten Jahrzehnten zu einer Großstadt angewachsenen Siedlung mit einem hohen christlichen und kurdischen Bevölkerungsanteil. Die Christen sind überwiegend sogenannte Assyrer. Sie gehören einer eigenständigen Ostkirche syrischer Tradition an, die sich im 5. Jahrhundert herausbildete, als sich die Gelehrten des Christentums über ein Kernthema ihres Glaubens zerstritten: War Jesus wirklich Gottes Sohn? Die Assyrer sind im Gegensatz zu den Monophysiten, bei der beide Naturen untrennbar miteinander verbunden sind, der Auffassung, Jesus stehe in einem „gnadenhaften Verhältnis" zu Gott und sei deswegen Mensch. Die Jungfrau Maria ist daher auch nicht die Mutter Gottes. Die Kirchensprache der Assyrer ist das zum Aramäischen gehörende Syrisch. In der siebenwöchigen Fastenzeit vor Ostern wird auf Fleisch, Eier und Milchprodukte verzichtet. Dass Assyrer aber deswegen noch lange keine Kostverächter sind, beweist uns die 25-jährige Dschinan Skaaf, bei deren Familie wir eingeladen sind. Sie kommen ursprünglich auch aus Lattakia, die Familie von Dschinans Großvater war mit Hannas Eltern befreundet.
Ein Teil der Kinder spielt am PC Tom & Jerry, knallt dann aber lieber mit laut aufgedrehten Lautsprechern Monster über den Haufen, der kleine Sohn George terrorisiert die Familie mit seinem Gekreische, der Rest der Familie sieht eine Soap-Opera mit Hannas Freund Dschihad Saad im Fernsehen. „Na, dann haben wir wenigstens in der Küche Ruhe", sagt Dschinan und macht sich ans Werk. Dschinan musste früh kochen lernen, da ihre Mutter Schuldirektorin und

„Und es ging aus von Eden ein Strom, den Garten zu bewässern, und teilte sich von da an in vier Hauptarme … der dritte Strom heißt Tigris, der fließt östlich von Assyrien. Der vierte Strom ist der Euphrat." 1. Moses 2.10

wenig zu Hause war: „Als ich geheiratet habe, war ich schon Profi", lacht sie. Aber ganz offensichtlich hat sie auch außergewöhnliches Talent, denn mit ihren jungen Jahren kann sie ein Rezeptrepertoire aus dem Gedächtnis aufrufen, das auch Hanna staunen lässt: „Sie hat ein sehr feines Gespür für die Harmonie der Zutaten, das erinnert mich an meine Schwester Janette. Wirklich toll!"

Dschinan, die ein kleines Fitness-Studio für Frauen betreibt, bereitet mit Hanna zunächst *Kittal* vor, die *Kibbe* ähneln, aber bei ihr als *Dschizrawiye*, als „Insulanerin", wie sie sagt, anders gemacht werden als im Rest des Landes. Ähnlich wie Crêpes rollt sie den Fleisch-Burghul-Teig flach aus, belegt eine Scheibe mit einer Mischung aus Hackfleisch, Zwiebeln, Petersilie, Paprikamark, Zimt und einer weiteren kleinen Gewürzmischung, klappt den Crêpe schließlich zusammen. Anstatt ihn zu braten, wie man es normalerweise mit *Kibbe* macht, kocht sie ihn in gesalzenem Wasser. Eine weitere Spezialität der *Dschezire* ist *Malduum*, Hackküchlein mit Tomaten und Auberginen, die in einer Auflaufform im Ofen gegart werden. Die Aubergine ist eines der wichtigsten und beliebtesten syrischen Gemüse. Ob klein oder groß, rund oder oval, glatt oder schrumpelig, die Aubergine gehört zu den Hauptnahrungsmitteln, die deswegen auch „das Fleisch des armen Mannes" genannt wird. Im Juli und August werden überall auf den Märkten Berge von Auberginen feilgeboten, es ist die Hauptsaison, Syrer sprechen dann vom *Schahr al-Bedendschaan*, vom Auberginen-Monat. Dazu gibt es ein passendes Sprichwort: „Wenn deine Frau in der Auberginenzeit behauptet, sie habe kein Essen im Haus, kannst du dich scheiden lassen." Dschinas Mann Ishaq hat sich natürlich noch nicht scheiden lassen, „was aber nicht an den Auberginen liegt!", lacht er, als er in die Küche kommt, um den Gästen schon mal einen Araq anzubieten. Ishaq besitzt einen Alkoholladen in al-Hassake. Wie in den meisten anderen syrischen Städten bekommen nur Christen dafür eine Konzession. „Aber meine besten Kunden sind Muslime", sagt Ishaq, „deswegen ist es im Ramadan jetzt etwas ruhiger." Dschinan schneidet die Auberginen in Scheiben und streut etwas Salz darauf, um zu verhindern, dass sie braun werden und beim Braten nicht zuviel Öl aufnehmen. Ein paar Auberginen brennt sie für das Püree *Mutabbal* über einer

◀ Dschinan hat schon früh kochen gelernt: „Als ich geheiratet habe, war ich schon Profi“, lacht sie.
▶ 150 Kilometer geradeaus geht es nach Al-Hassake, wo Dschinan und ihre Familie lebt.

offenen Flamme an, damit der Rauchgeschmack in das Fleisch einzieht. „Wusstet ihr“, fragt Dschinan, „dass man die kohlrabenschwarz verbrannten Auberginen *Chuuri*, Pfarrer, nennt?“

Während des Essens kommen wir auf die fruchtbare Region zu sprechen. Baschar, Apotheker und ein Onkel von Dschinan, relativiert: „So fruchtbar wie einst ist es hier gar nicht mehr. Lange Zeit wurden für die landwirtschaftlichen Anbauflächen leider zu großzügig Konzessionen für den Bau von Brunnen vergeben, der Grundwasserspiegel ist in den letzten Jahren drastisch gesunken.“ Selbst der Khabur führe kaum noch Wasser. Doch jetzt dürfen nur noch rund zehn Prozent der landwirtschaftlich nutzbaren Fläche bewässert werden, eine Regel, die seit fünf Jahren streng kontrolliert wird, damit sich der Khabur wieder erholt. „Vor 30, 40 Jahren gab es noch regelmäßig Regen“, erzählt Ishaq. Heute schickten sie in den Kirchen Stoßgebete zum Himmel, dass Allah ihnen Regen bringen möge. „Und dann machen wir schon Freudentänze, wenn Er uns nur ein paar Tropfen schenkt.“ Allah scheint sie also nicht immer zu hören: „Tja“, schmunzelt Baschar, „im Himmel ist offenbar noch kein Handynetz installiert.“

WEISSES GOLD

Die Straße folgt zunächst dem weiteren Lauf des Khaburs, an dessen Ufern neben der Bewässerung auch noch traditioneller Regenfeldbau betrieben wird. Da Baumwolle in stehender Bewässerung angebaut wird, hat das ökologische Folgen, denn es werden nicht nur Unmengen von Wasser benötigt, sondern der Boden versalzt zunehmend. Doch Baumwolle erzielt gute Preise und macht rund 15 Prozent des syrischen Exports aus. Im September beginnt die Baumwollernte, dann reihen sich die LKWs vor den staatlichen Sammelstellen, um die hochgeladenen Baumwollsäcke zu verkaufen. Auch Yunis Elias, ebenfalls Assyrer, lebt von der Baumwolle. Er besitzt 16 *Dunum*, ein Flächenmaß, das noch aus der Zeit des Osmanischen Reiches stammt und in etwa der Fläche entspricht, „die ein Mann an einem Tag pflügen kann“, wie Yunis erklärt. Das entspricht rund anderthalb Hektar Land. Innerhalb von 20 Tagen

◄ Baumwolle aus Syrien erzielt gute Preise. Im September beginnt die Ernte, bei der auch Kinder helfen müssen.

► Der Assad-Stausee reguliert das Wasser des Euphrats.

muss die Ernte eingeholt sein und zwar in zwei Phasen: Zunächst werden die oben sitzenden offenen Knospen gepflückt, anschließend die unteren. Jedes Jahr muss er neu einsäen, und die Erträge sind in diesem Jahr nicht so gut. „Es war dieses Jahr sehr heiß, oftmals über 50 Grad", sagt Yunis. „Wegen dieser Hitze wurden die Pflanzen von den Würmern verschont, die uns oft die Ernte wegfressen. Aber wir mussten viel bewässern. Und seit der Staudamm gebaut wurde, lässt sich das Wasser zwar besser regulieren, aber der Khabur führt kaum noch Wasser." Für die Ernte hat er eine Familie aus dem Nachbardorf engagiert. Rund 30 Lira zahlt der Staat pro Kilogramm, der Familie kann er dennoch nur 5 Lira zahlen. Das ist nicht viel, so müssen alle mithelfen, auch die Kinder.

Je weiter wir uns vom Khabur auf dem Weg nach Aleppo entfernen, desto trockener, heißer und unwirtlicher wird wieder die Landschaft. Die Straße ist schnurgerade, doch alle paar Kilometer wird man auf Schildern gewarnt: „Vorsicht! Gefährliche Kurve!" Ob es dazu dienen soll, die Fahrer auf der eintönigen Strecke wachzuhalten? Wir sind uns nicht sicher … Ein weiteres Straßenschild weist den Weg zum Ort As-Suchne – „das Heiße". Das wiederum passt. Jede Menge Tells, alte Siedlungen, die über Jahrtausende versandet sind, zeugen von der alten Kultur dieser Region und davon, dass sich die moderne Straße an alten Handelsrouten orientiert, auf denen zu Zeiten der Assyrer, Babylonier und der Stadtstaaten Mari und Ebla kostbare Waren über weite Strecken gehandelt worden sind. Nach einigen Stunden Fahrt breitet sich vor uns der Assad-Stausee aus, der in den 1970er Jahren gebaut wurde. In ihm tummeln sich inzwischen verschiedene Fischarten, die am Straßenrand zum Kauf angeboten werden. Nach der langen Fahrt durch trockene und teilweise ausgemergelte Landschaften wirkt die Szenerie auf uns wie eine Oase. Fehlen nur noch die Dattelpalmen.

„Und Gott ist es, der die beiden großen Wasser hat strömen lassen, das eine, das süß und frisch schmeckt, und das andere, das salzig ist und brennt.“ Koran, 25:33

Malduum | Hackküchlein mit Tomaten und Auberginen

Zutaten

500 g Lammhackfleisch
1 Bund glatte Petersilie, fein gehackt
1 TL Paprikapulver
½ TL Knoblauch, gepresst
2 TL Saliba-Gewürzmischung
2 TL Piment, gemörsert
800 g Sommer-Auberginen (länglich und dünn), in 1 Zentimeter dicke Scheiben geschnitten
300 g Strauchtomaten, in 1 Zentimeter dicke runde Scheiben geschnitten
Oreganozweige
Olivenöl
Salz

Zubereitung

Das Lammhackfleisch mit Petersilie, 2 Teelöffel Salz, Paprikapulver, Knoblauch, Saliba-Gewürzmischung und Piment mischen und gut verkneten. Die Auberginenscheiben in Olivenöl wenden und auf einem Blech in dem auf 250 °C vorgeheizten Backofen ca. 15 Minuten goldbraun backen. Aus der Lammhackfleisch-Mischung flache Frikadellen mit dem gleichen Durchmesser und der Dicke wie die Tomaten- und Auberginenscheiben formen. Die Tomaten leicht salzen. In einer Auflaufform abwechselnd stehend schichten, dabei immer wieder Oreganozweige dazwischengeben und bei 150 °C im Backofen ca. 60 Minuten garen. Mit Fadennudel-Basmatireis (siehe Grundrezept) oder Fladenbrot servieren.

Dieses Rezept ist von Dschinan, der jungen Köchin aus al-Hassake. Um den besonderen Geschmack von Auberginen und Fleisch nicht zu beeinträchtigen, hat Dschinan einen allgemeinen Tipp parat: „Wenn Auberginen mit Hackfleisch zubereitet werden, haben Zwiebeln dabei nichts verloren."

Bamie-Lammragout mit Reis und Pita

Zutaten

700 g Lammrippe
400 g Lammgulasch
5 Lorbeerblätter
10 Kardamomkapseln, zerdrückt
1 Zimtstange
20 Pfefferkörner
½ Zwiebel

600 g kleine grüne Okraschoten (arab. *Bamie*)
2 EL Butterschmalz
1,5 kg Tomaten, blanchiert, gehäutet und in kleine Würfel geschnitten
2 EL Tomatenmark
3 Knoblauchzehen, gepresst
2 TL Koriander, im Mörser zerstoßen
½ TL Zucker
3 TL Salz

250 g Basmatireis
4 Pitabrote

Zubereitung

Die Lammrippe vom Fett befreien und in 3–4 größere Stücke hacken. Zusammen mit dem Gulaschfleisch und den übrigen Zutaten in 2,5 Liter Wasser ca. 1 Stunde sanft kochen, dabei immer wieder den oberen Schaum abschöpfen. Dann die Brühe zusammen mit dem Fleisch und den Rippenstücken durch ein Sieb in einen Topf abgießen. Die Brühe und die Rippenstücke wieder aufsetzen und noch mindestens 1 Stunde offen kochen und die Flüssigkeit stark reduzieren. Den Fond noch mal durch ein feines Sieb geben.

Die Okraschoten in Salzwasser waschen und trocken tupfen. Die Kuppen abschneiden, aber darauf achten, dass die Schoten nicht verletzt werden. Diese im Butterschmalz anbraten, bis sie leicht gebräunt sind, und wieder herausnehmen. Das vorgegarte Gulasch im selben Schmalz anbraten, Tomaten mit Tomatenmark und den Gewürzen, dem Zucker und den Knoblauchzehen unterrühren, mit Fleischfond auffüllen und alles etwas einkochen lassen. Anschließend die Okraschoten hinzufügen und ca. 30 Minuten mitköcheln lassen. In der Zwischenzeit den Reis zubereiten.

Zum Anrichten Pitabrote in 2 Zentimeter große Würfel schneiden und in eine große Schüssel geben, mit dem Okraschoten-Ragout auffüllen und mit dem gekochten Reis bedecken. Dazu reicht man grüne, rohe Paprika.

Garnelen auf Apfel-Curry-Sauce

Zutaten

24 Garnelen, geschält und Darm entfernt

Gewürzpaste

½ TL Harissa
4 EL Olivenöl
1 Prise Kumin
1 Knoblauchzehe, in dünne Scheiben geschnitten
1 Prise Curry (englische Mischung)
Salz

Apfel-Curry-Sauce

1 Zwiebel, grob gewürfelt
2 EL Olivenöl
50 g Ingwer, geschält und grob geschnitten
200 g säuerliche Äpfel (Boskop oder Cox Orange), grob gewürfelt
1 EL Curry
250 ml Sahne
250 ml passierte Tomaten
Salz

Zubereitung

Alle Zutaten der Gewürzpaste miteinander vermischen und Garnelen darin 30 Minuten ziehen lassen.

Für die Sauce die Zwiebel in Olivenöl hell anschwitzen, zuerst den Ingwer und danach die Äpfel dazugeben. Weiterhin anschwitzen. Mit Curry bestreuen, Sahne und passierte Tomaten dazugeben und ca. 20 Minuten kochen lassen. Mit dem Mixer aufmischen, passieren und abschmecken. Die Garnelen auf einem Blech im auf 250 °C vorgeheizten Ofen für ca. 10 Minuten garen. Mit Fadennudel-Basmatireis (siehe Grundrezept) servieren.

Red Snapper auf Paprika-Ingwer-Sauce

Zutaten

800 g Red-Snapper-Filet ohne Haut

Marinade
30 g Zwiebeln, fein gewürfelt
4 EL Olivenöl
1 TL Paprikapulver
1 TL Knoblauchpüree
½ TL Kumin
Saft und Schale von 2 unbehandelten Limetten
Salz

Paprika-Ingwer-Sauce
100 g Zwiebeln, fein gewürfelt
500 g rote Paprika, grob gewürfelt
2 mittelgroße Knoblauchzehen, geschält und in Scheiben geschnitten
100 g Ingwer, geschält und in feine Scheiben geschnitten
100 g Kartoffeln, grob gewürfelt
4 EL Zitronensaft
30 g Butter
Olivenöl

Zubereitung

Für die Marinade alle Zutaten miteinander vermischen und die Red-Snapper-Filets darin mind. 1 Stunde kaltgestellt einlegen. Anschließend die Filets 10 Minuten im auf 200 °C vorgeheizten Backofen in der Marinade garen.

Für die Sauce die Zwiebeln im heißen Olivenöl glasig anschwitzen, Paprika und Knoblauch dazugeben und ebenfalls anschwitzen. Ingwer hinzufügen, kurz anbraten und mit 1,5 Liter Wasser ablöschen. Kartoffeln dazugeben, etwa 40 Minuten kochen lassen und auf die Hälfte reduzieren. Vom Herd nehmen, pürieren und durch ein feines Sieb passieren. Zitronensaft, Butter, 4 Esslöffel Olivenöl dazugeben, aufmixen und abschmecken.

Die Sauce auf Teller verteilen und die Fischfilets darauf anrichten. Dazu passt Kartoffel-Basilikum-Püree (siehe Grundrezept).

Fulbohnen mit Minze und Spinat

Zutaten

500 g Fulbohnen (Saubohnen)
1 Msp. Natron
2 Knoblauchzehen, gepresst
Saft von 3 Zitronen
½ TL getrocknete Minze
frische Minzblätter, gehackt
300 g Spinat, gekocht
Olivenöl
Salz

Zubereitung

Die Bohnen in reichlich kaltem Wasser 12 Stunden einweichen, abgießen und in frischem Wasser etwa 90 Minuten kochen. Natron zufügen und weiterkochen, bis die Bohnen weich sind. Das Kochwasser abgießen. Knoblauch mit Zitronensaft, Minze und Salz in einer Schüssel mischen, die Bohnen untermengen, gut vermischen und durchziehen lassen. Die noch warmen Bohnen auf dem Spinat anrichten und mit Olivenöl begießen.

Fulbohnen sind zusammen mit *Fattee* (siehe S. 155) ein beliebtes Frühstück im gesamten Vorderen Orient, das man aber ausschließlich im Restaurant genießt. Zuhause gönnt man sich meist ein paar Oliven, *Labneh*, eine Art Quark, und *Saatar*, die Gewürzmischung (siehe Glossar), in die man Fladenbrot tunkt.

ALEPPO

Kulinarisches Erbe der Handelsstraßen
und Fruchtig-Scharfes der Armenier

حلب

◄ Über zehn Kilometer enge überdeckte Gassen: Der größte Suq des Orients.

► *Fistiq Hallabi*, die aleppiner Nuss, wird die Pistazie auf Arabisch genannt, weil die beste ihrer Art aus der Umgebung von Aleppo kommt.

„Es ist die schönste und größte Stadt, die ich je gesehen habe." So begeistert zeigte sich Ibn Battuta, als er im 14. Jahrhundert Aleppo erreichte. Und der Forschungsreisende hatte wahrlich viel gesehen, schließlich bereiste er fast drei Jahrzehnte lang die gesamte islamische Welt von Marokko bis China und von Zentralasien bis nach Timbuktu in der Sahara. Die heutigen Aleppiner würden Ibn Battuta in jeder Hinsicht zustimmen, sind doch auch sie davon überzeugt, dass ihre Stadt die schönste Syriens ist – und nicht etwa Damaskus! Älter ist Aleppo allemal. Glauben sie. Aber damit könnten die Aleppiner durchaus Recht haben, denn auf dem 50 Meter hohen Berghügel, auf dem die Zitadelle majestätisch und erhaben die Stadt dominiert, hat man Siedlungsreste gefunden, die über 7.000 Jahre alt sind. Damit zählen Aleppo und Damaskus zu den ältesten dauerhaft besiedelten Städten der Welt. Auf dem Zitadellenhügel soll außerdem Abraham einst seine Herde gemolken haben, woraus sich der arabische Name der Stadt, Hallab, entwickelt hat, denn *hallaba* bedeutet melken. Zu Aleppo wurde Hallab erst, als venezianische Händler die Stadt für sich entdeckt hatten.

Es war die Zeit, als Aleppo zum Mekka der Händler aufstieg, neben den Venezianern auch andere europäische Mächte Konzessionen für die Aus- und Einfuhr von Gütern verliehen bekamen und Handelskontore eröffneten. Aleppo lag geografisch sehr günstig, nämlich am Kreuzungspunkt großer Karawanenrouten. Die Seidenstraße führte

◄ Viele Cafés zu Füßen der mächtigen Zitadelle warten auf Gäste.
► Ein Gewürzhändler versucht Hanna Saliba von der Qualität seiner Produkte mit auslandender Gestik zu überzeugen. Ob ihm das gelungen ist?

von China an das Mittelmeer, die Weihrauchstraße aus dem Oman und Jemen endete hier. Gewürze aus Fernost landeten in den Gassen des Suqs, blieben dort oder wurden weiter gehandelt und bereicherten nicht nur die arabische, sondern auch die europäische Küche. Als Anfang des 16. Jahrhunderts die Osmanen ihr Reich erweiterten und Syrien eroberten, fielen die Grenzen weg, eine einheitliche Währung wurde geschaffen und es entstand ein riesiger Wirtschaftsraum, von dem vor allem Aleppo profitierte. Noch heute sind die Früchte der orientalischen Variante des europäischen Binnenmarktes architektonisch überall sichtbar: In den prächtigen *Khans*, den Handelskontoren, Moscheen, Schulen, Bädern und Brunnen. Und vor allem im Suq selbst, wo alles Handeln und Feilschen seinen Anfang findet. Hanna und ich lassen uns auf das quirlige Treiben ein und stellen uns vor, dass es vor vielen Hundert Jahren nicht viel anders gewesen sein dürfte. Über zehn Kilometer enge und mit Steingewölben überdeckte Straßen, die den größten Suq der orientalischen Welt bilden. Schon im Mittelalter kannte man die neun kulinarischen Gewerbe eines Suqs, die der *Muhtassib*, der „Suqwächter", zu kontrollieren hatte: Gewürzhändler, Nussröster und Nussverkäufer, Bäcker, Metzger, Obst- und Gemüsehändler, Verkäufer von Eingewecktem sowie Konditoren. Entsprechend ist die klassische Einteilung eines Suqs: Alle Werkstätten oder Läden eines Gewerbes sind in einem Viertel zusammengefasst. Die Waren werden von der Freitagsmoschee im Zentrum ausgehend nach außen immer gröber. Zuerst kommen die Gewürzhändler und Konditoren, dann die Gemüsehändler und Bäcker, schließlich die Metzger und wenn die Stadt am Meer liegt die Fischhändler. Diese Einteilung hat sich bis heute erhalten, nur die Hauptstraße – das gilt für Aleppo wie für Damaskus – hält alle wichtigsten Waren für den „schnellen Einkauf" bereit.

Seleukos Nikator, der uns bereits bei Lattakia, Antiochia und Apamea begegnet ist, hat in Aleppo eine Residenz gegründet und die Stadt nach dem hippodamischen Rastersystem rechtwinkelig anlegen lassen. Der Suq orientiert sich noch heute an diesen Straßen und Gassen, durch die auf Eselsrücken, Handkarren und knatternden kleinen Toyotatransportern alles Mögliche des täglichen Bedarfs transportiert wird: Stoffe, Gewürze, Zigaretten, Strohbesen, Eimer, Plastikstühle, Plastikbecher, Kugelschreiber, Süßwaren und natürlich die berühmte aleppiner Olivenseife aus bestem Oliven- und Lorbeeröl. Und immer wieder Berge von Nüssen, allen voran die *Fistiq Hallabi*, die aleppiner Nuss, wie die Pistazie im Arabischen heißt, weil die besten ihrer Art aus der Umgebung von Aleppo kommen und dort auf riesigen Plantagen angebaut werden. Dazwischen drängen sich Heerscharen von Garköchen und Saftverkäufern, Kupferschmieden, Schmuck- und Teppichhändlern, jeder hat seine eigene Gasse. Ein Gewürzhänd-

◄ Wie kleine Goldbarren stapeln sich Tausende Stücke der berühmten aleppiner Olivenseife zum Trocknen in einer Manufaktur.

► Gasse im christlichen Altstadtviertel *Dschudaida*.

ler, der natürlich auch Olivenseife verkauft, versucht Hanna von der Qualität seiner ganz besonderen Qualität zu überzeugen. Doch Engelszungen und ausladende Armbewegungen nutzen nichts, wenn man mit jemandem aus Lattakia spricht, der davon überzeugt ist, dass die beste Olivenseife von seinem armenischen Schneider kommt, der diese nur an seine besten Kunden verkauft.

Das ist vielleicht der eigentliche Unterschied zu Damaskus: Der Suq, „der Ort, zu dem man die Waren führt", so die arabische Bedeutung, ist in Aleppo noch urtümlicher; das, was sich in Säcken und Kisten, auf Regalen und Auslagen stapelt, ist weit weniger auf den Geschmack der Städter und Touristen ausgerichtet, als vielmehr auf die Bedürfnisse der Bauern und Beduinen aus dem Umland, die zum Einkaufen lieber in das Gassenwirrwarr des Suqs kommen, das ihnen vertraut ist, als sich in einem übersichtlichen Einkaufszentrum zu verlieren. Zu diesem Eingeständnis gegenüber Aleppo lassen sich Hanna (überzeugter Lattakianer und Hamburger) und ich (überzeugter Hamburger und Damaskus-Liebhaber) hinreißen. Und wir tun es gerne, denn die besondere aleppiner Atmosphäre hat uns gefangen genommen.

LUKULLISCHE ALTSTADT

Nach all den optischen und olfaktorischen Eindrücken aus dem Suq wollen wir das aleppiner Flair auch kulinarisch testen. Auch dafür hält Aleppo einiges bereit, besonders im Christenviertel *Dschudaida*, in dem vor allem Armenier leben und das zu einem der schönsten Viertel der Stadt gehört. Es liegt außerhalb der alten Stadtmauern, zählt aber noch zur nördlichen Altstadt. Dort haben sich Straßenzüge mit Kopfsteinpflaster und überwölbten Gassen ebenso erhalten wie palastartige Innenhofhäuser aus dem 17. und 18. Jahrhundert. Sie sind nach außen abgeschottet, entfalten aber im Innern eine ungeahnte Pracht mit Schatten spendenden Bäumen und *Iwanen*, überdachten Nischen, plätschernden Springbrunnen und feinsten Steinmosaiken und kunstvoll ausgemalten Holzvertäfelungen. Einige dieser alten Kaufmannshäuser sind zu Restaurants umgewandelt worden wie das *Bait Wakil*, *Bait Jasmin*, das *Diwan Rasmy* oder das *Sissi-House*, wo man nicht nur hervorragend speisen, sondern zusammen mit den Kellnern sich Gedanken darüber machen kann, ob der einstige Besitzer mit dem Namen „Sissi" einfach nur einen spontanen Einfall hatte oder ein großer Fan der österreichischen Kaiserin war. Fürstlich aufzutragen wissen die aleppiner Altstadtrestaurants allesamt und zeigen, dass Aleppo neben Damaskus das zweite Zentrum der kulinarischen Raffinessen ist. Die Osmanen haben dabei einen besonders großen Einfluss auf die syrische Küche hinterlassen; darauf weisen noch einige Namen hin wie etwa *Jalandschi* (Lügner) für gefüllte Zucchini oder Auberginen, die deswegen so heißen, weil man sie mit Reis anstatt mit Fleisch füllt. Oder die erfrischende Nachspeise *Nasali*, ein Milchpudding mit Orangensirup. Auch das Wort *Mazza*, Vorspeisen, die so typisch sind für die syrische Küche, kommt vom türkischen *meze* und heißt „kleiner Imbiss", eigene *mezeci* kümmerten sich in den Restaurants um nichts anderes als um Vorspeisen, zum Teil ist das in Syrien noch heute so. Aus Aleppo kommen vor allem die besten Fleischgerichte, der aleppiner *Kebaab* in all seinen Facetten ist konkurrenzlos. Weder Türken noch Damaszener, weder Griechen noch Libanesen, die auch Liebhaber der gegrillten Fleischspieße sind, können da mithalten. Das liegt wahrscheinlich daran, dass in dieser alten Handelsstadt vorwiegend griechische, römische, türkische und eben jene armenischen Kochtraditionen verschmolzen, die sich alle besonders gut auf die Zubereitung von Fleisch verstehen. Die Armenier etwa, die den aleppiner Speiseplan in besonderem Maße mitgestaltet haben, lieben *Kebaab* mit Kirschen, vermischen ihn mit Pistazien und reichen ihn mit Knoblauchsauce oder verfeinern ihn nach alter Tradition, die schon am Bagdader Khalifenhof beliebt war, mit Aprikosen. Aleppiner essen im Gegensatz zu den Damaszenern gerne scharf, auch hierbei zeigt sich der armenische Einfluss. Der rote Pfeffer, *Filful Ahmar*, wird großzügig eingesetzt.

Kulinarisch sind wir also bestens eingestimmt und haben bei der „österreichischen Kaiserin" Platz genommen. Bevor uns die *Kebaab*-Spezialitäten serviert werden, wird die Tafel mit typischen aleppiner *Muqabbilat* oder *Mazza* gedeckt. Viele kleine Schälchen, wie bei Hannas Restaurants in Hamburg, werden aufgetragen: *Sambusak*, gefüllte Teigtaschen mit Mangold und Zwiebeln, *Kibbe*, hier mit Kürbis gefüllt, *Muhammara*, scharfe Paste aus Chilischoten, Walnüssen, Pistazien und Granatapfelsirup, *Sudschuk*, feine Rindswürstchen mit Knoblauch und Kümmel, und natürlich *Bastuurma*, der köstliche Rinderschinken, der mehrere Tage in einer Gewürzmischung aus rotem Pfeffer, Knoblauch, Bockshornklee und Kumin eingelegt wird

und nur dann am Besten schmeckt, wenn er hauchdünn aufgeschnitten wird. Zum Abschluss werden kleine Fladenbrotscheiben mit Rosenblüten- und, tatsächlich, Auberginenkonfitüre gereicht. Auch wenn diese Formen des Desserts für viele Syrer ungewöhnlich sind, so zeigen sich hier die Vorlieben aller Syrer. Denn egal ob Christen oder Muslime, Aleppiner, Damaszener oder Lattakianer, sie alle lieben Süßes. Die Syrer sagen: „Es gibt einen Platz im Magen, der kann nur mit Süßigkeiten gefüllt werden." Sie glauben daran, dass von Süßspeisen eine wohltuende Wirkung ausgeht. Datteln, Feigen, Mandeln, Milch, Eier und Getreideprodukte, also alle Zutaten, die man in einer Konditorei oder in einer Bäckerei verwendet, gelten als Quellen des Glücks und der Fruchtbarkeit. Süßes Gebäck heißt auf Arabisch *Halaawa*. Das Wort bedeutet aber auch Güte und Anmut. Wenn also ein Araber Gebäck als Willkommensgruß anbietet, schenkt er auch zugleich Güte und Anmut. Abgerundet wird unsere Tafel mit einem kleinen starken Kaffee. Interessant ist: Ob man in Syrien Tee oder Kaffee trinkt, ist nicht nur eine Frage des Geschmacks. Muslime trinken lieber Tee, Christen lieber Kaffee. Man sagt, es habe sich durch die Armut vieler Muslime so entwickelt. Tee war immer und billig zu bekommen. Christen, vor allem die städtischen, waren wohlhabender und bevorzugten den teureren Kaffee. Tee galt also als einfaches Lebensmittel, Kaffee immer schon als Luxus- und Genussartikel. Wenn man heutzutage sieht, dass Tee meistens im Teebeutel aufgegossen wird, was die Teezeremonie noch profaner macht, versteht man, was gemeint sein könnte.

VERSCHLEIERTE JUNGS

Am Nachmittag sind wir bei der Familie von Farusch Yessaian zum Kochen und Essen in dessen prächtigem Wochenendhaus in der Nähe von Aleppo eingeladen, wo sich ein Großteil der Familie eingefunden hat, auch sein Bruder Harut und dessen Frau Rosa. Hanna und Farusch kennen sich aus Hamburg, wo sein armenischer Freund eine Zeit lang als Händler lebte. Und wo Farusch auch bittere Erfahrungen beim Kochen gesammelt hat. „Kochen kann ich überhaupt nicht", erzählt er lachend. Aber trotzdem hat er sich mal an Spiegeleiern versucht – aber kein Fett in die Pfanne getan. Als das Unheil seinen Lauf nahm, rief er verzweifelt seine Mutter in Syrien an und fragte, was er tun solle. „Aber da war es schon zu spät, das Fenster war weit aufgerissen und die Pfanne schon auf dem Weg in den Mülleimer." Seither überlässt er das Kochen lieber seiner Frau und seiner Mutter, die für den heutigen Tag extra aus Ain al-Arus angereist ist, einem kleinen Ort in der Nähe von Urfa, dem antiken Edessa, das in der heutigen Türkei liegt. Wie viele Armenier stammen auch Farusch und seine Familie ursprünglich aus der Türkei. Schon in hethitischen

◄ In der armenischen Familie Yessaian ist Kochen und Essen immer ein großes Familienereignis. Janette lässt Hanna gerne probieren. ►

Schriften aus dem 2. vorchristlichen Jahrtausend wird das Volk der Armenier erwähnt, sie lebten überwiegend im Gebiet zwischen dem Hochland Ostanatoliens und dem Südkaukasus. Seit dem 18. Jahrhundert war Armenien unter persischer und osmanischer Herrschaft, durch den Völkermord allerdings, den die Osmanen im Windschatten des ersten Weltkrieges 1918/19 verübten, flohen die Überlebenden in die ganze Welt, viele von ihnen in das heutige Syrien. Aleppo ist mit rund 40.000 von ihnen die armenische Hauptstadt in Syrien geworden. Durch die Verfolgungen verschob sich das bis dahin auf Anatolien konzentrierte armenische Christentum des Osmanischen Reiches in die arabischsprachigen Gebiete südlich des Taurus. Das Schicksal der Armenier eint die Gemeinde nach Außen, man bleibt unter sich. „Geschäftlich habe ich viel mit Syrern anderer Religionen zu tun, sowohl mit Muslimen als auch mit anderen Christen. Darunter sind natürlich auch ein paar Freunde", erzählt Farusch während er den *Kebaab* auf dem Grill wendet und am Whiskeyglas nippt, „aber das familiäre Leben ist getrennt, man gibt sich eher mit anderen Armeniern ab. Wir sprechen untereinander ja auch nur armenisch, manchmal ein bisschen türkisch." Die Mentalitäten seien einfach sehr unterschiedlich, auch wenn Armenier seit Generationen fester Bestandteil der syrischen Gesellschaft sind. Und nachdem er ein weiteres Mal am Glas genippt hat, sagt Farusch lachend: „Außerdem sind unsere Familien groß genug, um alleine zu feiern. Genau wie bei den Muslimen!"

Und da es etwas zu feiern gibt, muss auch ordentlich gespeist werden. Dafür sind die besten Zutaten gerade recht, und das kommt, davon ist Faruschs Mutter, die 77-jährige Janette überzeugt, nur aus ihrem Städtchen Ain al-Arus. Deswegen hat sie vom besten Lammfleisch und Burghul gleich ein paar Kilo mitgebracht. Während die Männer also sich im Garten um das Grillgut kümmern und über die anstrengende Woche in der Stadt unterhalten, werkeln die Frauen unter der „Aufsicht" von Janette in der Küche. Aus dem Lammfleisch machen sie zusammen mit Hanna *Kibbe Nayye*, eine Art Tartar, nach armenischer Art, also ziemlich scharf. Dann fahren sie auf, was die armenische Küche als Klassiker zu bieten hat: *Kebaab Bedendschaan*, Kebab mit Auberginen, *Mischmischiye*, Lammfleisch mit Aprikosen sowie eine Pfanne aus gemischten Innereien wie Leber, Milz, Niere und Herz mit Zwiebeln und Kirschsirup. Auf letzteres freut sich Hanna besonders, ich halte mich von diesem Topf etwas

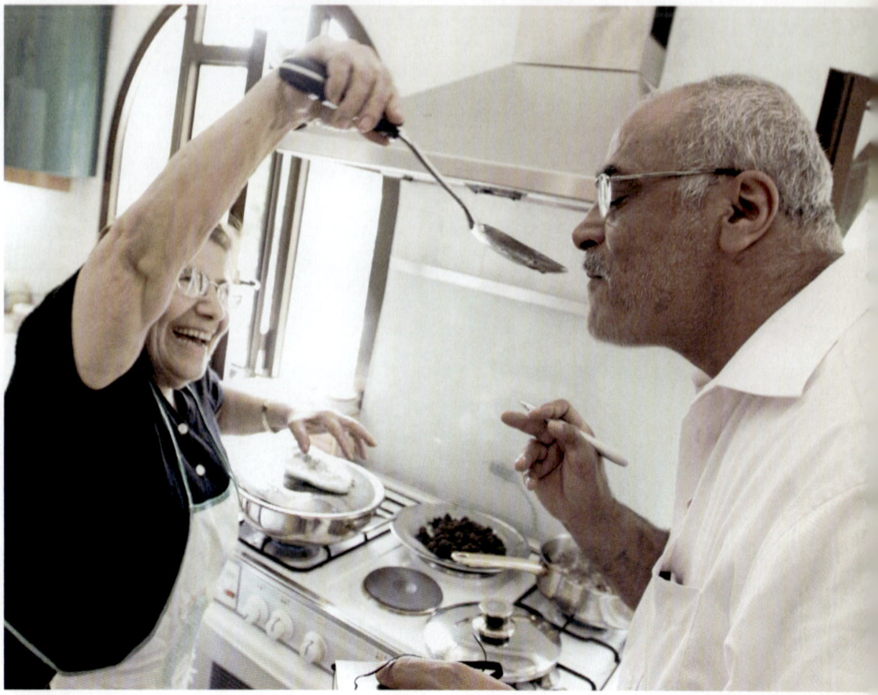

◄ Im Suq von Aleppo studiert ein Händler seine Bücher und Kunden reißen sich um frische Leckereien. ► Die Familie von Harud Ordikian stellt seit 1950 den berühmten armenischen Rinderschinken *Bastuurma* her: „Mein Vater Abud war der große Meister!" Harud isst *Bastuurma* am liebsten mit einem Omelett.

fern. Und natürlich fehlt auch *Kebaab Kerez*, Kebab mit Kirschen auf geröstetem Fladenbrot, nicht. Die Männer grillen außerdem *Kebab Kama*, Kebab mit Sandtrüffel, eine Delikatesse, die schon aus den Anfängen der Zivilisation bekannt ist und vor allem in der Wüste wächst. Die besten Sandtrüffel kommen aus der Gegend um Palmyra, in ihrer Form erinnern sie an eine Mischung aus Kastanie und Kartoffeln, geschmacklich an Kastanie und Pilzen. Wenn Janette die Rezepte erklärt, spricht sie mit Hanna Arabisch, das, wie Hanna sagt, „sich für mich ein bisschen lustig anhört. Sie hat so einen Akzent wie viele Franzosen, wenn sie Deutsch sprechen." Und das ist kein Wunder, denn die armenische Sprache gehört zu den indogermanischen Sprachen mit einer eigenen Schrift und vielen Lehnwörter aus dem Persischen, Russischen, Französischen und Türkischen. Sie hat außerdem, ähnlich wie das Russische, ein reiches Kasussystem, aber keine Genus-Unterscheidung, „weswegen wir im Arabischen ständig die männlichen und weiblichen Formen durcheinander bringen", wie Janette schmunzelnd eingesteht. Und zu dieser charmanten Unzulänglichkeit des armenischen Arabisch erzählt man sich in Syrien natürlich einen Witz: Einst heiratete ein Muslim eine Armenierin, sie bekamen zwei Söhne. Die Mutter hat sie trotzdem verschleiert.

Beim Essen ist es bei Yessaians wie bei allen Familien in Syrien. Alle sitzen zusammen an einer großen Tafel, es wird laut palavert, am besten quer über den Tisch und wild durcheinander, der Fernseher läuft ohne Ton im Hintergrund, man lacht viel, und da wir bei Christen sind, machen auch die Araq- und Bierflaschen die Runde. Aber man macht vor allem eines: Das Essen genießen! Und natürlich sind die Männer wieder ganz begeistert von den Kochkünsten ihrer Frauen. Und da Janette die älteste von ihnen ist, ruft Farusch als Kompliment ihr zu: „Mutter! Du kochst einfach am Besten!" Doch dieses Lob gehört in Syrien schon zu einem Topos. Alle Söhne sind überzeugt, dass ihre Mütter am Besten kochen, selbst Hanna: „Klar kocht Janette klasse, aber die beste Köchin war meine Mutter." Also steht fest: Alle Mütter kochen am Besten. Und ich sage: Nicht nur in Syrien!

„Es gibt einen Platz im Magen, der kann nur mit Süßigkeiten gefüllt werden."

Mischmischiye | Lammgulasch mit Aprikosen

Zutaten

200 g Schalotten, geschält
1 EL Butterschmalz
500 g Lammgulasch
200 g getrocknete Aprikosen, ca. 15 Minuten eingeweicht
1 TL Granatapfelsirup (siehe Glossar)
1 EL Zitronensaft
Salz, Pfeffer

Zubereitung

Die ganzen Schalotten im Butterschmalz goldbraun anbraten, aus der Pfanne nehmen und beiseitestellen. Lammgulasch mit Salz und Pfeffer würzen und ebenfalls in derselben Pfanne goldbraun anbraten. Die Schalotten zum Fleisch geben, mit Wasser auffüllen und 30 Minuten köcheln lassen. Dann Aprikosen, Granatapfelsirup und 1 Teelöffel Salz hinzufügen. Evtl. Wasser nachgießen, es sollte alles mit Wasser bedeckt sein. Weitere 30 Minuten garen. Mit Salz, Pfeffer und Zitronensaft abschmecken. Mit Fadennudel-Basmatireis (siehe Grundrezept) servieren.

Fleisch mit Früchten zu kombinieren folgt einer alten armenischen Tradition, beliebt ist zum Beispiel auch *Kebaab* mit Kirschsauce, das man in Restaurants nur in der armenischen Altstadt von Aleppo bekommt. *Mischmischiye* ist allerdings schon sehr viel älter, es wird bereits in einem Kochbuch aus dem 13. Jahrhundert erwähnt. Darin überliefert der Koch des Khalifenhofes in Bagdad, Muhammad al-Baghdadi, dieses Rezept und gibt auch eine Erklärung für die Kombination von Lamm mit Aprikosen, die er wiederum durch Perser kennen gelernt hatte: Der manchmal etwas penetrante Geruch von Lammfleisch wird durch Aprikosen abgemildert. Außerdem wird dadurch das Austrocknen des Fleisches verhindert. Ganz abgesehen davon, dass es natürlich auch wunderbar schmeckt (siehe dazu auch das Rezept auf S. 25).

Mit Pistazien gefüllte Maispoulardenbrust

Zutaten

4 Maispoulardenbrüste mit Haut à 150–180 g

Füllung
100 g Butter
60 g Pistazien, grob gehackt
3 Thymianzweige, von 2 Zweigen die Blättchen grob gehackt
1 EL Rosenwasser
20 g frischer Ingwer, geschält und fein gewürfelt
2–3 EL Mehl
1 EL Butterschmalz
1 Knoblauchzehe, leicht angedrückt
Salz, Pfeffer

Zubereitung

Die Butter mit den Pistazien, gehacktem Thymian, Rosenwasser, Ingwer und einer Prise Salz mit der Hand mischen und gut verkneten. Die Maispoulardenbrüste salzen und von der breiteren, dicken Seite her aufschneiden, sodass jeweils eine Tasche entsteht. Mit der Pistazienmasse füllen und schließen. In Mehl wälzen und auf der Hautseite 2 Minuten im heißen Butterschmalz anbraten. Die Knoblauchzehe und 1 Thymianzweig dazugeben, wenden und weitere 2 Minuten braten. Anschließend für ca. 8 Minuten im auf 200 °C vorgeheizten Backofen weitergaren. Herausnehmen, Ofen auf 250 °C aufheizen und noch einmal 4 Minuten garen, damit die Haut schön kross wird. Mit Zimt-Piment-Reis und Safransauce (siehe Grundrezepte) anrichten und nach Belieben etwas von dem Bratfett darübergeben.

Mit Reis gefüllte und mit Kastanienhonig glasierte Taube

Zutaten

4 Tauben, ausgenommen, fertig zum Füllen (800 g brutto)
2 TL Saliba-Gewürzmischung
Salz

Füllung
50 g Pinienkerne
50 g Pistazien, geschält
50 g Mandeln, blanchiert und geschält
4 Datteln, in kleine Stücke geschnitten
50 g Rosinen
etwa 20 Granatapfelkerne
400 g Piment-Zimt-Basmatireis (siehe Grundrezept)

1 Knoblauchzehe, geschält und angedrückt
100 g Butterschmalz
Kastanienhonig

Zubereitung

Die Tauben innen und außen mit der Saliba-Gewürzmischung würzen. Pinienkerne, Pistazien und Mandeln ohne Fett in einer Pfanne rösten und mit Datteln, Rosinen, Granatapfelkernen und Reis vermengen. Die Tauben damit füllen, mit Zahnstochern verschließen oder zunähen. Mit Butterschmalz von allen Seiten bestreichen und in einem Bräter mit der Naht nach unten ca. 30 Minuten bei 200 °C im vorgeheizten Backofen garen.

Anschließend in einer Pfanne die Knoblauchzehe in Butterschmalz anschwitzen, die Tauben darin wenden und mit Kastanienhonig glasieren. Noch einmal kurz in den heißen Ofen geben. Fäden bzw. Zahnstocher entfernen und mit orientalischem Gemüse (siehe Grundrezept) und dem Bratensaft servieren.

Ein besonderes traditionelles Gericht bei arabischen Beduinen ist ein mit Reis gefülltes ganzes Lamm. Dazu gräbt man ein Loch in den Wüstensand, füllt es mit glühenden Kohlen, legt das Lamm darauf und verdeckt es mit Sand. Darin schmort das Fleisch über mehrere Stunden und wird so butterweich. Für besondere Anlässe wie Hochzeiten oder runde Geburtstage ist es ein sehr beliebtes Festessen. Hanna Saliba bietet auch das für seine Gäste an, allerdings mit einer interessanten Variante: Statt mit Reis füllt er das Lamm mit den gefüllten Tauben aus diesem Rezept und lässt beides über Stunden im Backofen bei niedriger Hitze garen. So wird das Fleisch auch ohne heißen Wüstensand butterweich.

Entenbrust auf Granatapfel-Walnuss-Sauce

Zutaten

4 Entenbrüste à 180–200 g
2 Knoblauchzehen, geschält und halbiert
1 Zwiebel, grob gewürfelt
Olivenöl
Salz

Granatapfel-Walnuss-Sauce

2 EL Olivenöl
1 Knoblauchzehe, geschält und halbiert
100 g Zwiebeln, in feine Würfel geschnitten
60 g Walnüsse, grob gehackt
½ Thymianzweig
2 Nelken
2 Salbeiblätter
1 Lorbeerblatt
1 l Geflügelfond
2 EL Granatapfelsirup (siehe Glossar)
2 EL Honig
20 g kalte Butter
1 Granatapfel, Kerne herausgelöst

Zubereitung

Für die Sauce etwas Olivenöl erhitzen, eine halbierte Knoblauchzehe auf eine Gabel spießen und durch das heiße Fett ziehen. Die Zwiebeln goldgelb anschwitzen, Walnüsse mit Thymian, Nelken, Salbei und Lorbeerblatt dazugeben, mit dem Geflügelfond ablöschen und mindestens auf die Hälfte reduzieren. Granatapfelsirup und Honig untermischen und abschmecken. Die Gewürze aus der Sauce nehmen und die Butter einarbeiten.

Die Entenbrüste mit der zweiten halbierten Knoblauchzehe einreiben, salzen und zuerst mit der Hautseite in nicht zu heißem Olivenöl anbraten. Nach 4–5 Minuten wenden und im auf 200 °C vorgeheizten Ofen 5–6 Minuten fertig garen.

Die Granatapfel-Walnuss-Sauce auf Tellern anrichten, die Granatapfelkerne darüber verteilen und die in ca. 2 Zentimeter breite Streifen geschnittene Entenbrust auflegen.

Maamul | Mürbeteig mit Pistazienfüllung

Zutaten

Teig

250 g weiche Butter
270 g Mehl
100 g Puderzucker
20 g Vanillezucker

Füllung

250 g Pistazien, grob gehackt
70 g Puderzucker
30 ml Rosenwasser

Zubereitung

Die Zutaten für den Teig mischen, gut durchkneten und ca. 1 Stunde ruhen lassen. Die Zutaten für die Füllung zu einer Art Paste verarbeiten und kleine Kugeln daraus formen. Aus dem Teig ebenfalls Kugeln formen und auf der Handfläche flach drücken. Die Pistazienkugeln darauflegen, mit dem Teig einschließen und erneut zu Kugeln formen. Auf einem Backblech bei 150 °C ca. 15 Minuten backen. Lauwarm essen.

GRUNDREZEPTE

Lammjus

Zutaten

2 kg Lammknochen (Hals und Rücken, mit wenig Fett)
400 g Zwiebeln, in grobe Würfel geschnitten
300 g Karotten, in grobe Würfel geschnitten
400 g Sellerie, in grobe Würfel geschnitten
3 Knoblauchzehen, leicht angedrückt
8 Kardamomkapseln, grob zerstoßen
3 Thymianzweige
1 Rosmarinzweig
3 Nelken
1 Zimtstange
2 Lorbeerblätter
2 Stängel glatte Petersilie
10 Pimentkörner
1 l Rotwein
10 schwarze Pfefferkörner
2 EL Tomatenmark
Olivenöl

Zubereitung

Die Lammknochen ca. 2 Stunden bei 180 °C rösten. Während dieser Zeit immer wieder mit 1 Kelle Wasser ablöschen, um den Bratensatz zu lösen. Nach dem Erkalten das Fett entfernen. Das gesamte Gemüse in einem großen Bräter mit heißem Olivenöl anrösten, bis es unter Wenden etwas Farbe angenommen hat. Die Knochen mit dem gelösten Bratensatz und die Gewürze dazugeben, gut verrühren und mit Mehl bestäuben. Mit dem Rotwein und 4 Liter Wasser aufkochen lassen. Danach runterschalten und gut 2 Stunden ohne Deckel auf kleiner Flamme köcheln lassen. Zwischendurch ggf. abschäumen. Nach ca. 90 Minuten die Petersilie und das Tomatenmark dazugeben, mitköcheln lassen und weiter auf ca. 1 Liter reduzieren (wenn Sie noch weiter reduzieren, wird der Geschmack intensiver). Durch ein sehr feines Sieb passieren und erst bei Bedarf abschmecken.

Geflügelbrühe

Zutaten

1 Suppenhuhn
200 g Gemüsezwiebel, in grobe Würfel geschnitten
200 g Karotten, in grobe Würfel geschnitten
200 g Sellerie, in grobe Würfel geschnitten
2 Lorbeerblätter
6 Pimentkörner
6 Kardamomkapseln
1 Zimtstange
1 Nelke
1 l Rotwein
200 g Tomaten
4 Stängel glatte Petersilie
Olivenöl

Zubereitung

Das Huhn mit Zwiebel, Karotten, Sellerie und den Gewürzen in Rotwein und 2 Liter kaltem Wasser aufsetzen. Nach 30 Minuten Kochzeit die ganzen Tomaten und die Petersilie dazugeben und für ca. 90 Minuten ohne Deckel kochen lassen. Dabei immer wieder mal abschäumen. Die Flüssigkeit sollte ca. bis auf die Hälfte reduziert sein. Durch ein sehr feines Sieb passieren und erst bei Bedarf abschmecken.

Orientalische Gemüsebrühe

Zutaten

300 g Lauch, in grobe Würfel geschnitten
200 g Karotten, in grobe Würfel geschnitten
250 g Zwiebeln, in grobe Würfel geschnitten
4 Kardamomkapseln
10 Pfefferkörner
1 Lorbeerblatt
350 g Tomaten
Olivenöl

Zubereitung

Lauch, Karotten und Zwiebeln mit den Gewürzen in 1 Liter Wasser aufsetzen und aufkochen. Tomaten im Ganzen nach ca. 5 Minuten dazugeben und ohne Deckel ca. 30 Minuten kochen lassen. Passieren und erst bei Bedarf würzen. Ergibt ca. 700 Milliliter Brühe.

Fadennudeln-Basmatireis

Zutaten

30 g Fadennudeln
50 g Butterschmalz
200 g Basmatireis
Olivenöl
Salz

Zubereitung

Fadennudeln in einer Sauteuse im heißen Butterschmalz goldgelb rösten, Reis, etwas Olivenöl und Salz dazugeben und gut vermischen. Mit ca. 400 Milliliter heißem Wasser aufgießen und gut umrühren. Einmal aufkochen lassen und mit dem Deckel auf ganz kleiner Flamme ca. 15 Minuten gar ziehen lassen. Eventuell noch etwas heißes Wasser nachgießen.

Piment-Zimt-Basmatireis

Zutaten

1 Nelke
½ Lorbeerblatt
50 g Butterschmalz
1 TL Saliba-Gewürzmischung
½ TL Zimt
200 g Basmatireis
Salz

Zubereitung

Die Nelken und das Lorbeerblatt im Butterschmalz anschwitzen, Saliba-Gewürzmischung und Zimt dazugeben, umrühren, anschließend Reis und Salz gut untermischen. Mit ca. 400 Milliliter heißem Wasser aufgießen und erneut gut umrühren. Einmal aufkochen lassen und mit dem Deckel auf ganz kleiner Flamme ca. 15 Minuten gar ziehen lassen. Eventuell noch etwas heißes Wasser nachgießen.

Safranreis

Zutaten

20 g Schalotten, in feine Würfel geschnitten
50 g Butterschmalz
1 TL Safranfäden, in etwas Wasser aufgelöst
½ TL Zucker
200 g Basmatireis
Salz

Zubereitung

Die Schalotten im Butterschmalz glasig anschwitzen. Safran, Zucker und Salz zugeben und 2 Minuten gut mit den Schalotten verrühren, danach den Reis untermischen. Mit 350 Milliliter Wasser ablöschen, erneut gut umrühren und bei geschlossenem Deckel 15 Minuten auf ganz kleiner Flamme gar ziehen lassen. 10 Minuten ruhen lassen. Nochmals abschmecken.

Saliba-Gewürzmischung

100 g Piment
25 g Zimt
25 g Nelkenpulver
20 g Kumin
20 g Korianderpulver
15 g Kardamompulver
15 g Ingwerpulver
5 g weißer Pfeffer
5 g schwarzer Pfeffer
5 g Muskat
5 g Chili

Eignet sich für viele Gerichte mit Fisch, Fleisch und Geflügel.

Kartoffel-Basilikum-Püree

Zutaten

1 kg Kartoffeln, geschält und geviertelt
600 ml Milch
1 mittelgroße Knoblauchzehe, halbiert
1 Prise Muskat
14 Basilikumblätter, in kleinere Stücke gezupft
100 g Butter
Salz

Zubereitung

Die Kartoffeln mit 1 Teelöffel Salz weich kochen. Abgießen und abdampfen lassen. Milch bis kurz vor dem Kochen erhitzen und vom Herd nehmen. Die Knoblauchzehe, etwas Salz, Muskat und Basilikumblätter unterrühren und einmal aufkochen lassen. Die Kartoffeln pürieren oder stampfen, Butter dazugeben und die Milch durch ein feines Sieb dazu passieren. Kräftig umrühren und eventuell nachwürzen.

Harissa-Kartoffeln

Zutaten

600 g Drillings-Kartoffeln, gekocht und halbiert
6 EL Olivenöl
1 Knoblauchzehe, in der Schale etwas angedrückt
4 Thymianzweige, 2 davon abgezupft und grob gehackt
30 g Zwiebeln, fein gehackt
½ TL Harissa (mit 1 EL Wasser verrührt)
Salz, Pfeffer

Zubereitung

Die Kartoffeln im Olivenöl unter häufigerem Wenden etwas Farbe annehmen lassen, Knoblauch und 2 Thymianzweige dazugeben und etwas weiterbraten. Wenn die Kartoffeln goldgelb sind, die Zwiebeln, Harissa, Salz und etwas Pfeffer dazugeben und die Flüssigkeit ca. 2–3 Minuten verdampfen lassen. Gehackten Thymian zu den Kartoffeln geben und abschmecken. Wasser nachgießen.

Koriander-Kartoffeln

Zutaten

800 g Kartoffeln
1 EL Korianderkörner, im Mörser zerstoßen
1 TL Harissa
1 TL Knoblauch, gepresst
½ TL Salz
Olivenöl

Zubereitung

Kartoffeln schälen und in 1 Zentimeter große Würfel schneiden. Gründlich waschen und trocknen. In eine Pfanne fingerdick heißes Öl gießen und die Kartoffelwürfel darin ca. 10 Minuten goldbraun frittieren. Herausnehmen und auf Küchenpapier abtropfen lassen. In einer anderen Pfanne 3 Esslöffel Olivenöl erhitzen, die Kartoffeln mit Koriander, Harissa, Knoblauch und Salz darin durchschwenken.

Tabuule (Petersiliensalat)

Zutaten

1 EL feiner Burghul
350 g glatte Petersilie
100 g Tomaten, fein gewürfelt
40 g Zwiebeln oder Schalotten, sehr fein gewürfelt
½ TL getrocknete Minze
4 EL Zitronensaft
3 EL Olivenöl

Zubereitung

Den Burghul für 10 Minuten in kaltem Wasser einweichen. Die Petersilie der Länge nach zu einem festen Bündel rollen, Stängel großzügig abschneiden, Blätter in feine Streifen schneiden und in eine Schüssel geben. Tomaten und Zwiebeln dazugeben. Burghul gut ausdrücken und untermengen. Mit Salz, Minze, Zitronensaft und Olivenöl gut verrühren und ca. 15 Minuten ziehen lassen. Abschmecken und etwas abgetropft servieren.

Couscous

Zutaten

1–2 Schalotten, in feine Würfel geschnitten
3 EL Olivenöl
200 g mittelgrober Couscous, vorgegart (oder Instant-Couscous)
1 Prise Kumin
300 ml orientalische Gemüsebrühe
Salz

Zubereitung

Die Schalotten im Olivenöl glasig anschwitzen, den Couscous dazugeben. Mit Salz und Kumin würzen, mit heißer Gemüsebrühe ablöschen. Gut verrühren, kurz erhitzen und ca. 5 Minuten quellen lassen.

Hummus (Kichererbsenpüree)

Zutaten

200 g getrocknete Kichererbsen
1 TL Natron
6 EL Zitronensaft
150 g Tahina (Sesampaste aus dem orientalischen Lebensmittelladen)
Salz

Zubereitung

2 Tage vor dem Verzehr die Kichererbsen in reichlich Wasser mind. 24 Stunden einweichen. Anschließend abwaschen und mit viel kaltem Wasser in einem Topf zum Kochen bringen. Nach ca. 10 Minuten den Schaum abschöpfen und Natron dazugeben. Etwa 1 Stunde ohne Deckel kochen lassen (Kichererbsen müssen gut weich gekocht sein). In ein großes Sieb geben, mit kaltem Wasser klar spülen und abkühlen lassen. Die Kichererbsen mit 250 Milliliter Kochwasser, Zitronensaft und Salz pürieren, Tahina dazugeben und noch mal aufmixen. Wenn nötig, mit etwas Wasser verdünnen und nachwürzen.

Fadennudeln-Burghul

Zutaten

50 g Fadennudeln
100 g Butterschmalz
250 g grober Burghul
Salz

Zubereitung

Fadennudeln im heißen Butterschmalz goldgelb rösten, Burghul und Salz dazugeben und gut umrühren. Mit ca. 500 Milliliter heißem Wasser aufgießen und gut umrühren. Einmal aufkochen lassen und mit Deckel auf ganz kleiner Flamme *(Naar Chafife)* ca. 15 Minuten gar ziehen lassen. Eventuell noch etwas heißes Wasser nachgießen.

Schneidebohnen

Zutaten

100 g Zwiebeln, in feine Würfel geschnitten
1 Knoblauchzehe, in feine Scheiben geschnitten
1 l Schältomaten, püriert, aus der Dose oder 1 kg Tomaten, geschält und püriert
1 Prise Zimt
½ TL Saliba-Gewürzmischung
½ TL Harissa
800 g Schneidebohnen, geputzt und der Länge nach geviertelt
Olivenöl
Salz

Zubereitung

Etwas Olivenöl erhitzen, Zwiebeln und Knoblauch darin glasig werden lassen. Die restlichen Zutaten dazugeben und gut umrühren. Bohnen untermengen und mit geschlossenem Deckel ca. 40 Minuten köcheln lassen, bis die Bohnen gut durchgegart sind. Vom Herd nehmen und ca. 10 Minuten ruhen lassen. Nochmals abschmecken. Hinweis: Wenn die Tomatensauce dicklich wird, kein Wasser dazugeben, sie wird durch das austretende Bohnenwasser wieder flüssiger.

Safransauce

Zutaten

2 Schalotten, klein gehackt
½ TL Knoblauch, gepresst
½ l Geflügelbrühe (siehe Grundrezept)
1 Msp. Safran, zerrieben
1 EL Speisestärke, in etwas Wasser aufgelöst
½ TL Honig
Olivenöl
Salz, Cayennepfeffer

Zubereitung

Schalotten und Knoblauch in Olivenöl goldgelb anschwitzen. Geflügelbrühe und Safran dazugeben und auf die Hälfte reduzieren. Mit Speisestärke binden und mit Salz, Cayennepfeffer sowie Honig abschmecken.

Harissasauce

1 EL Harissa
½ TL Kumin
50 ml Olivenöl
5 EL Tomatenmark
1 EL Granatapfelsirup (siehe Glossar)
¼ Liter Wasser
1 TL Salz

Alle Zutaten in einem Mixer miteinander vermischen.

Orientalischer Salat

150 g Kirschtomaten, halbiert
150 g Minigurken, gestiftelt
1 Romanasalat, klein geschnitten
1 EL Granatapfelkerne
1 Bund Rucola, ganze Blätter
1 Bund Frühlingszwiebeln, grob geschnitten
10 Blatt frische Minze, gehackt
8 Radieschen, in dünne Scheiben geschnitten
6 EL Olivenöl
2 EL Granatapfelsirup (siehe Glossar)
Salz, Pfeffer

Alle Zutaten miteinander vermischen.

Verschiedene Gemüse mit Lauchzwiebeln und Thymian

Zutaten

200 g Karotten, geschält und grob gestiftelt
200 g Kohlrabi, geschält und grob gestiftelt
200 g Steckrüben oder Navetten, geschält und grob gestiftelt
100 g Zuckerschoten
50 g Okraschoten, Stiele abgeschnitten
3 EL Olivenöl
1 Bund Lauchzwiebeln, in grobe Scheiben geschnitten
1 Thymianzweig, grob gehackt
Salz, Pfeffer aus der Mühle

Zubereitung

Etwa ½ Liter Wasser mit 1 Teelöffel Salz zum Kochen bringen. Die Karotten dazugeben, nach 1 Minute Kohlrabi, nach 1 weiteren Minute die Steckrüben, nach 2 Minuten die Zuckerschoten und zum Schluss die Okraschoten. Zusammen noch einmal kurz kochen. Wasser abgießen, Olivenöl, Lauchzwiebeln und Thymian dazugeben. Mit Salz und frischem Pfeffer aus der Mühle abschmecken.

GLOSSAR

BURGHUL (türkisch *Bulgur*): Geschroteter Weizengrieß des Hartweizens. Dieser wird vorgekocht, nach der anschließenden Trocknung wird die Kleie mechanisch entfernt und das Korn schließlich grob oder fein gemahlen bzw. geschnitten. Damit ist Burghul lange haltbar. Zum Verzehr wird er entweder gekocht oder man lässt ihn in Brühe oder Wasser quellen, wenn er beispielsweise unter den Petersiliensalat *Tabuule* gemischt wird. In orientalischen Lebensmittelgeschäften und Reformhäusern erhältlich.

FEIGE: Sie zählt zu den am frühesten kultivierten Früchten. Die Assyrer in Mesopotamien bauten bereits im 3. Jahrtausend v. Chr. Feigen in ihren Gärten an, von dort wurden sie über Griechenland im 7. Jahrhundert v. Chr. im gesamten Mittelmeerraum verbreitet. In Europa fütterte man früher Schweine mit Eicheln, um das Fleisch besonders zart und aromatisch zu bekommen, der römische Koch Apicius soll dagegen seine Schweine mit syrischen Feigen gefüttert haben.

FLADENBROT: Arabisches Fladenbrot unterscheidet sich vom türkischen Pide insbesondere dadurch, dass es sehr viel dünner ist und meist zweilagig, da durch die Hitze Kohlendioxid-Bläßchen freigesetzt werden, die den Hefe- oder Sauerteig aufblähen lassen. Das hat nicht nur den Vorteil, dass dadurch das Brot außen kross und innen weich wird, sondern dass es mit Allerlei gefüllt und als „Besteck" verwendet werden kann: Man bricht das Brot und formt kleine Taschen, mit denen man die Speisen von Tellern und aus Schüsseln aufnimmt.

HARISSA: Eine besonders scharfe Würzpaste aus Nordafrika, die in Tuben oder Döschen in türkischen und arabischen Lebensmittelgeschäften zu bekommen ist. Man kann sie aber auch selbst herstellen: 100 g scharfe, getrocknete rote Chilischoten, 500 g entkernte rote Paprikaschoten, 3 EL getrocknete Zwiebeln, 3 gepresste Knoblauchzehen, 1 TL Koriandersamen (zerstoßen), 1 TL Kumin, 1 EL Zitronensaft, Olivenöl, Salz. Chili- und Paprikaschoten in einem großen Mörser gut zerstoßen oder durch den Fleischwolf drehen. Zwiebeln, Knoblauch, Koriander, Kumin und Salz trocken in der Pfanne kräftig bräunen. Das Chili-Paprika-Gemisch und Zitronensaft zugeben und bei mittlerer Hitze 8–10 Minuten unter ständigem Rühren garen. Abkühlen lassen und mit etwas Olivenöl zu einer geschmeidigen Paste verarbeiten. In Gläser füllen und mit Olivenöl 1 Zentimeter hoch bedecken.

GRANATAPFELSIRUP: Kräftiger Würzsaft aus dem Saft und den Schalen des Granatapfels (arab. *Rumaan*), der zu einer der ältesten kultivierten Früchte zählt. Schon im 3. Jahrtausend v. Chr. wurde er vom Handels- und Seevolk der Phönizier von der levantinischen Küste (den heutigen Ländern Libanon, Syrien, Jordanien und Palästina) nach Sizilien und auf die iberische Halbinsel gebracht. Die vielen *granae* (lat. = Körner, Kerne) und das leuchtende Rot ließen in allen Zeiten der Hochkulturen im Vorderen Orient den Granatapfel zum Inbegriff von Fruchtbarkeit und Verführung werden, der bekanntlich auch Eva im Paradies erlag.

Granatapfelsirup wird in großen Kesseln meist während der Erntezeit im Herbst gekocht. Er hat ein säuerlich-fruchtiges Aroma und ist aus der Küche des Nahen Ostens nicht wegzudenken. Nicht nur für Süßspeisen, sondern besonders für Hauptspeisen und als Grundlage für Saucen wird er gerne verwendet. Ähnlich wie Balsamico kann man Granatapfelsirup auch über Salat träufeln. Beim Kauf des Sirups sollten Sie darauf achten, dass es sich um den säuerlichen Granatapfelsirup (arab. *Dibbes Rumaan*) handelt und nicht um den süßlichen, wie er häufig unter der

Bezeichnung *Grenadine* in Feinkostläden oder inzwischen auch in Supermärkten angeboten wird.

KARDAMOM (arab. *Heel*): Ist wie Kumin (siehe auch dort) eines der charakteristischsten Gewürze in der arabischen Küche und hat ein sehr feines, süßlich-scharfes Aroma. Auch der typische Beduinenkaffee ist ohne die Kardamomnote nicht denkbar, ebenso wenig wie im Lebkuchen oder Glühwein bei Europäern. Die grünen Fruchtkapseln des Kardamoms werden unreif, also vor dem Platzen, geerntet und in der Sonne getrocknet. Das eigentliche Gewürz ist aber der Samen, der wegen seiner ätherischen Öle immer frisch im Mörser zerstoßen werden sollte.

KORIANDER (arab. *Kuzbara*): Nach Pfeffer und vor Kumin (siehe auch dort) das zweitwichtigste Gewürz in der arabischen Küche und eines der ältesten Gewürze überhaupt. Verwendet werden aus dem bis zu 60 Zentimeter hohen Doldengewächs das Koriandergrün, das im Aussehen glatter Petersilie sehr ähnelt, einen zitronig-pfeffrigen Geschmack hat und aufgrund seines fetten und ätherischen Öls nicht lange haltbar ist. In Syrien verwendet man überwiegend die am besten im Mörser zerstoßenen Samen, die geschmacklich an Pfeffer, Nüsse aber auch an Pomeranze erinnern.

KUMIN (arab. *Kamun*): Mit seinem bitterscharfen Aroma eines der markantesten Gewürze in der arabischen Küche. Auch wenn sein deutscher Name *Kreuzkümmel* es vermuten lässt, ist er nur ein sehr entfernter Verwandter vom Kümmel und hat mit ihm geschmacklich nichts gemeinsam. Kumin stammt wahrscheinlich aus Ägypten, wo schon die Pharaonen ihn als Grabbeigabe mit in die Pyramiden gaben, da er als Heilmittel galt. Kumin sollte man vorsichtig dosieren, da er einen starken Eigengeschmack hat.

LABAN: Joghurt. Türkischer oder arabischer Joghurt hat meist eine etwas festere Konsistenz und einen feineren, säuerlicheren Geschmack als der bei uns gebräuchliche. Sie sollten also *Laban* bei den Rezepten dem deutschen Joghurt vorziehen.

ORANGENBLÜTENWASSER: Wird aus den Blüten der Pomeranze destilliert und mit Wasser verdünnt. Es wird, sehr ähnlich wie Rosenwasser, insbesondere für die Verfeinerung syrischer Süßspeisen wie Gebäck oder Milchspeisen verwendet. Orangenblütenwasser bietet sich als milder Ersatz für Rosenblütenwasser an, das für viele Europäer eine zu starke Parfümnote entfaltet.

ROSENBLÜTENWASSER (arab. *Ma'a al-Ward*): Stark verdünntes Rosenwasser, das aus der Damaszener-Rose destilliert wird und besonders orientalische Süßspeisen wie Gebäck oder Milchspeisen verfeinert. Hauptanbaugebiet dieser speziellen Rosen ist heute das marokkanische Dorf Kelaa Mgouna (angeblich haben Pilger aus Mekka die Damaszener-Rose dort hingebracht), wo sie zu Hunderttausenden angebaut, im Mai zum Rosenfest geerntet und zu Öl verarbeitet werden.

SALIBA-GEWÜRZMISCHUNG: Gewürzmischungen sind in allen arabischen Ländern sehr beliebt, insbesondere für Fleisch, aber auch für Fisch. Sehr bekannt und beliebt in Syrien ist die Mischung *Saatar* (siehe auch dort), worunter man aber auch eine Gewürzpflanze verstehen kann. Die Mischverhältnisse der einzelnen Zutaten unterscheiden sich aber nicht nur von Land zu Land, sondern auch von Gewürzhändler zu Gewürzhändler. Ein jeder hat sein eigenes Rezept – und damit sein eigenes kleines Geheimnis. Hanna Saliba hat mit dieser Mischung sein kleines „Geheimnis" verraten (siehe Grundrezept).

SAATAR (auch *Zatar*): Eine dem Thymian verwandte Gewürzpflanze, die in vielen Arten im Vorderen Orient und in Nordafrika wächst. Je nach Region werden unterschiedliche Pflanzen als *Saatar* bezeichnet. *Saatar* wird sowohl frisch als auch getrocknet und gemahlen als Fleischwürzung und in Salaten verwendet. In unseren Breitengraden bietet sich als Ersatz geschmacklich am ehesten frischer Oregano oder Ysop an. *Saatar* wird aber auch die bekannteste Gewürzmischung genannt, die in erster Linie aus Thymian, gerösteten Sesamsamen, *Sumak* und Salz besteht. Dazu gesellen sich auch gerne weitere kleinere Ingredienzien wie beispielsweise getrockneter Granatapfel, Nüsse, Kumin, Kardamom oder Koriander. In arabischen Lebensmittelgeschäften bekommt man abgepackt verschiedene Sorten *Saatar*-Mischungen. In Syrien reicht man gerne ein Schälchen mit *Saatar*, neben das man ein Schälchen Olivenöl stellt. Man bricht ein Stück Brot, tunkt es zunächst in etwas Olivenöl und dann in die *Saatar*-Mischung. Ein herzhafter Snack!

SCHANKLISCH: Käse aus Syrien und Libanon, der in sehr vielen verschiedenen Varianten zubereitet wird. Traditionell wird er aus Kuh- oder Schafsmilch gewonnen, die mit Zitronensaft gerinnt. Dieses Gemisch wird in ein Tuch gepresst, zum Trocknen aufgehängt und schließlich mit einer Gewürzmarinade eingerieben. Zum Essen wird *Schanklisch* in kleine Stücke gebrochen und mit Zwiebeln, Tomaten, klein gehackter Petersilie, Olivenöl und Kumin gereicht. Erhältlich ist er in arabischen Lebensmittelgeschäften. Sie können *Schanklisch* auch leicht selbst herstellen: Mit einer Gabel 200 g Schafskäse mit 125 g Frischkäse und je 1 TL Kumin und rotem Pfeffer zerdrücken, zu kleinen Bällchen formen und in einer Mischung aus klein geschnittener Petersilie und Thymian wenden. Kalt stellen, bis sie fest geworden sind und vor dem Servieren mit etwas Olivenöl beträufeln.

SEGENKORN: Wird fälschlicherweise auch Schwarzkümmel, Schwarzer Sesam oder Schwarzer Anis genannt. Dabei deutet die deutsche wörtliche Übersetzung des schönen arabischen Namens für dieses Gewürz, *Habb al-Baraka*, auf eine Sitte hin: Während des heiligen Fastenmonats Ramadan streut man die kleinen schwarzen Körner auf ein Brot, das dem türkischen Pide-Brot ähnelt, und hofft, dass es damit gesegnet werde. Heute ist die Sitte aber nicht nur auf den Ramadan beschränkt, sondern zu allen Zeiten für das „Segnen" von Broten weit verbreitet. Segenkorn hat ein eher schwaches, leicht herbes Aroma, zerbeißt man aber die Körner, erinnert es an Majoran, Lavendel und Pfeffer. Es passt auch sehr gut zu Schafskäse mit etwas Olivenöl und zu Gurkengerichten.

SESAM (arab. *Simsim*): Gehört zu den ältesten Kultur- und Ölpflanzen der Welt, ist geruchlos und hat einen nussigen, leicht süßlichen Geschmack. Sesamsamen sitzen in länglichen Kapseln, die sehr platzfest sind. Diese werden gerupft, in Bündeln zum Trocknen aufgehängt und lassen sich dann sehr bitten, bis sie sich öffnen und die Samen freigeben – daher kommt wahrscheinlich die Beschwörungsformel: „Sesam, öffne dich!". Sesam entfaltet sein volles nussiges Aroma erst beim Rösten und insbesondere dann, wenn er im Mörser mit etwas Salz zerstoßen wird. Die syrische Küche ist ohne Sesam nicht denkbar, weder die Sesampaste *Tahina* noch das Kichererbsenpüree *Hummus* können darauf verzichten. Und Damaszener haben einst aus Sesammus und Zucker das *Halaawe* (türk. *Halva*) erfunden.

SUMAK (auch *Sumach* geschrieben, auch Sizilianischer Zucker und Färberbaum genannt): Tiefrotes bis violettfarbenes, herbsäuerliches Gewürz aus den zerstoßenen und gemahlenen Beeren des Essigbaumes. *Sumak* ist vor allem in der levantinischen Küche zuhause, wo es über Kebab gestreut wird oder Fischgerichte oder Salate verfeinert. Aber auch schon die Römer säuerten damit ihr Essen, weil sie noch keine Zitronen kannten. Sollten Ihnen also die Zitronen ausgegangen sein, nehmen Sie *Sumak* – aber nur dann, wenn die Farbe schön dunkel und es damit von bester Qualität ist.

TAHINA: Sesampaste, die meist aus gerösteten Sesamsamen, Zitronensaft, Knoblauch, Pfeffer und anderen Gewürzen hergestellt wird. In orientalischen Lebensmittelgeschäften erhältlich.

REZEPTREGISTER

Eine wie in unseren Breitengraden übliche Aufteilung in Vor-, Haupt- und Nachspeise kennt die arabische Küche nicht. Selbst die in Syrien und damit auch bei Hanna Saliba berühmten Vorspeisen, die *Mazza*, sind streng genommen keine Vorspeisen. In einem syrischen Restaurant servieren die Kellner zunächst eine große Auswahl an *Mazza*, kaum bedecken diese aber die Fläche des Tisches, schiebt man die kleinen Schälchen noch dichter aneinander, damit die „Hauptspeise", meist gegrilltes Fleisch, Platz findet. Dass Hanna Saliba in seinen Restaurants in Hamburg Vor- und Hauptspeise getrennt serviert, ist als Rücksichtnahme vor seinen vielen nichtarabischen Gästen zu verstehen. Da wir uns auch mit diesem Buch der syrischen Tradition verschrieben haben, verzichten wir auf „unsere" klassische Aufteilung. Die meisten Gerichte eignen sich je nach Wunsch ohnehin als Vor- oder Hauptspeise. Lediglich die Desserts sollten Sie am Schluss eines Menüs servieren. So machen es auch die Syrer.

SCHUKRAN | DANKE

Organisatorisch wertvoll unterstützt haben uns mit großem Engagement und Charme JAKUB TOUBA (Hamburg, Lattakia) und AHMAD KHADDAM (Bielefeld, Damaskus). Dafür ein ganz besonders herzliches: Schukran ya Schabaab!

Ganz herzlich danken wir den Menschen, die wir auf unserer Reise durch ihr schönes Land getroffen haben, die uns ihre Türen geöffnet und uns nicht nur mit kulinarischen Geschichten bereichert haben, sondern vor allem mit ihrer Gastfreundschaft und Herzlichkeit. Wertvoller kann eine Reise nicht sein.

LATTAKIA
Janette & Dieb, Marlen, Milad, Josephine & Marwan,
die kleine Maria, Marwan & Gilda, Joseph & Lina,
Georgette, Maria
Marwan (der Ältere)
Zeineh
Yahya
Hanna Musa & Katja Mansur

KASSAB
Jaqueline & Nischan Dersahakian

SALAMIYE
Muhammad Arus
Umm Ayman
Schamset al-Chatib

SAFITA
Umm Bassam

AL-MIZEINE
Mariette & Ibtisam

BAQA'U
Umm Adnan, Abu Adnan & Familie

HOMS
Murhad Abid

DAMASKUS
Dschihad Saad & Maysun
Abu Wail
Abu Yasir, Banan, Dana & Amer Derky
Ahmad (Café „Al-Noufara")
Ghassan & Mischail Salum

MIYAMAS
Aarif Qaiwaan, Nasir, Alwa & Familie

SUWAIDA
Bischof Saber Esber

MAALULA
Hadscha Mariam (Thekla-Kloster)

SIDNAYA
Nadja Salibi & Familie
Schwester Fabrunia (Marien-Kloster)

PALMYRA
Mahmud (Bagdad-Café, Wüstensteppe)
Muhdie Muhammad Mahmud
Muhammad Tadmuri

DEIR AZ-ZOR
Miyade & Dschadu'a Saleh Habib

AL-HASSAKE
Dschinan Skaaf & Familie

ALEPPO
Janette, Farusch, Harut & Familie Yessaian

IDLIB
Dr. Atif an-Naddaf
Mahmud Dschamil Hamidan & Familie

IMPRESSUM

Fotos, Texte, Gestaltung und Satz
Lutz Jäkel, Hamburg
www.lutz-jaekel.com

Rezepte
Elias Hanna Saliba & Laghchioua Bouchlaib, Hamburg

Foodstyling
Elias Hanna Saliba, Hamburg

Foodfotografie
Lutz Jäkel, Hamburg

Umschlaggestaltung
SIGN Roger Zscheile, Hamburg

Projektleitung
Angela Thomaschik, Neustadt an der Weinstraße

Lektorat
Heidrun Wirzinger, Neustadt an der Weinstraße

Herstellung
Janine Becker, Neustadt an der Weinstraße

Rezeptlektorat
Monika Jäkel, Limburgerhof

Reproduktion
RGD - Digitale Medientechnik GmbH, Langen

Druck und Verarbeitung
NINO Druck GmbH, Neustadt an der Weinstraße

PEFC
Ein Glück für unseren Wald.

Printed in Germany
ISBN: 978-3-86528-616-1

Die Rezepte sind überlicherweise für 4 Personen ausgerichtet, soweit nicht anders vermerkt.

Besuchen Sie uns im Internet
www.umschau-buchverlag.de